Französische
Grammatik

Cornelsen

Französische Grammatik

Von Gertraud Gregor

Beratende Mitwirkung:
Prof. Dr. Michael Scotti-Rosin

Umschlaggestaltung: hawemannundmosch, bureau für gestaltung, berlin
Layout und technische Umsetzung: Stephan Hilleckenbach, Berlin
Illustrationen: Laurent Lalo

www.cornelsen.de

1. Auflage, 1. Druck 2006

Druck: Clausen & Bosse, Leck

ISBN-13: 978-3-589-22225-4
ISBN-10: 3-589-22225-5

Inhalt gedruckt auf säurefreiem Papier,
umweltschonend hergestellt aus chlorfrei gebleichten Faserstoffen.

Allgemeine Einführung

Vorwort

Die **Französische Grammatik** ist ein praktisches Handbuch für alle, die die französische Sprache erlernen und ihre Grammatikkenntnisse verbessern wollen. Sie bietet gründliches Orientierungswissen und ist ideal sowohl zum Nachschlagen und Wiederholen zu Hause als auch kursbegleitend im Unterricht.

Die **Französische Grammatik** gibt einen Überblick über die grundlegenden grammatischen Erscheinungen der französischen Sprache heute. Dabei werden die Strukturen und Regeln, die für die Kommunikation bis zur Niveaustufe B1 des Gemeinsamen europäischen Referenzrahmens vorausgesetzt werden, in leicht verständlicher Sprache erläutert. Die verwendeten grammatischen Begriffe und Kategorien werden immer dort, wo sie eingeführt werden, definiert und erklärt. Die zahlreichen und anschaulichen Beispielsätze helfen, die grammatischen Phänomene und Regeln gut zu erfassen.

Zum schnellen Nachschlagen gibt es am Schluss des Buches die wichtigsten grammatischen Themen in einem alphabetischen Stichwortregister.

Verlag und Autorin wünschen viel Spaß und Erfolg beim Arbeiten mit der **Französischen Grammatik**.

Das Adverb 46

Die Pronomen 55

Die Verben 81

Einleitung

Eine Sprache besteht aus Wörtern, die man in mehrere Wortarten einteilt: Nomen (oder Substantive), Begleiter, Adjektive, Adverbien, Pronomen, Verben, Präpositionen und Konjunktionen.

Einige dieser Wortarten sind veränderlich, z.B: Verben: **lire** – **(elle) lit**; Adjektive: **français** – **française** – **françaises**; Nomen: **livre** – **livres** usw.

Aus den Wortarten können Sie Sätze zusammenstellen. Im Satz werden aus den Wortarten Satzteile.

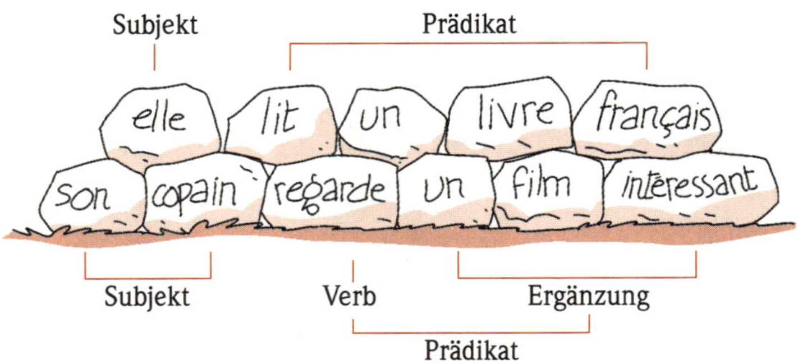

Sie liest ein französisches Buch. Ihr Freund sieht einen interessanten Film.

Ein vollständiger Aussagesatz besteht aus einem Subjekt und einem Prädikat.

Subjekt eines Satzes kann sein:

Matthieu apprend l'allemand. ein Eigenname,
Matthieu lernt Deutsch.

Elle préfère lire. Sie liest lieber.	ein Subjektpronomen,
Cet acteur est très connu. Dieser Schauspieler ist sehr bekannt.	ein Nomen mit Begleiter,
Voyager est très agréable. Reisen ist sehr angenehm.	ein Infinitiv,
Ce qu'elle dit n'est pas vrai. Was sie sagt, stimmt nicht.	ein Nebensatz.

Das Prädikat kann aus einem Verb oder aus einem Verb und einer oder mehreren Ergänzungen bestehen:

> Jean-Yves **travaille**.
> Jean-Yves arbeitet.
> Jean-Yves **travaille à Paris**.
> Jean-Yves arbeitet in Paris.
> Jean-Yves **travaille à Paris aux Galeries Lafayette**.
> Jean-Yves arbeitet in Paris in den Galeries Lafayette.

Für französische Sätze gibt es eine Reihe von festen Stellungsregeln. Das bedeutet, dass Sie bestimmte Satzteile nur in einer bestimmten Reihenfolge im Satz benutzen können. Die normale Stellung der Satzteile im Aussagesatz ist: Subjekt + Verb + Ergänzung.
In dieser Grammatik können Sie nachschlagen, wenn Sie etwas über die Formen und den Gebrauch der Wortarten wissen wollen, wenn Sie wissen wollen, nach welchen Regeln Sie im Französischen Satzteile zu Sätzen zusammenfügen können und welche Satzarten es im Französischen gibt.

Im Anhang zu dieser Grammatik finden Sie das französische Alphabet, die französischen Laute und ihre Umschrift und die französischen Satzzeichen. Zum Auffinden einer gesuchten Erklärung steht Ihnen ein ausführliches Register mit deutschen und französischen Stichwörtern zur Verfügung.

Das Nomen und seine Begleiter

1 Das Nomen

Nomen – oder Substantive – sind Wörter, die Personen, Dinge oder etwas Abstraktes bezeichnen: Mensch, Lampe, Freude.

maskulin	feminin
un homme ein Mann	une femme eine Frau

Im Französischen sind Nomen entweder feminin oder maskulin. Neutrale (sächliche) Nomen wie im Deutschen – z. B. „das Kind" – gibt es nicht. Im Singular können Sie das Nomen immer am dazugehörigen unbestimmten Artikel erkennen.

Deshalb ist es das Beste, Sie lernen die Nomen immer mit dem dazugehörigen unbestimmten Artikel.

2 Das Geschlecht der Nomen

1. Einige Nomen können maskulin und feminin sein. In diesem Fall können Sie sich das Geschlecht des Nomens nur am Artikel merken:

un artiste	ein Künstler	une artiste	eine Künstlerin
un camarade	ein Kamerad	une camarade	eine Kameradin
un collègue	ein Kollege	une collègue	eine Kollegin
un élève	ein Schüler	une élève	eine Schülerin
un enfant	ein Kind	une enfant	ein Kind
un journaliste	ein Journalist	une journaliste	eine Journalistin
un locataire	ein Mieter	une locataire	eine Mieterin
un touriste	ein Tourist	une touriste	eine Touristin

2. Häufig unterscheidet sich das feminine Nomen von der maskulinen Form durch die Endung **-e**. Durch diese Endung wird der im Maskulinum nicht hörbare Endkonsonant in der femininen Form ausgesprochen:

un assistant	ein Assistent	une assistante	eine Assistentin
un avocat	ein Anwalt	une avocate	eine Anwältin
un client	ein Kunde	une cliente	eine Kundin
un Allemand	ein Deutscher	une Allemande	eine Deutsche
un voisin	ein Nachbar	une voisine	eine Nachbarin
un Américain	ein Amerikaner	une Américaine	eine Amerikanerin

3. Einige Nomen verfügen über besondere feminine Formen, die Sie bilden können durch:

- Verdoppelung des Endkonsonanten + -e,

un chien	ein Hund	une chien**ne**	eine Hündin
un patron	ein Chef	une patron**ne**	eine Chefin

- die Endung -ère,

un étrang**er**	ein Ausländer	une étrang**ère**	eine Ausländerin
un ouvri**er**	ein Arbeiter	une ouvri**ère**	eine Arbeiterin

- die Endung -euse,

un vend**eur**	ein Verkäufer	une vend**euse**	eine Verkäuferin
un dans**eur**	ein Tänzer	une dans**euse**	eine Tänzerin

- die Endung -trice,

un direc**teur**	ein Direktor	une direc**trice**	eine Direktorin
un ac**teur**	ein Schauspieler	une ac**trice**	eine Schauspielerin

- die Endung -esse,

un prince	ein Prinz	une princ**esse**	eine Prinzessin

- oder die Endung -ive.

un sport**if**	ein Sportler	une sport**ive**	eine Sportlerin

4. Einige Nomen – vor allem Berufsbezeichnungen – haben nur eine maskuline Form:

un auteur	ein Autor
un chef	ein Chef
un dentiste	ein Zahnarzt
un écrivain	ein Schriftsteller
un guide	ein Fremdenführer
un ingénieur	ein Ingenieur
un juge	ein Richter
un maire	ein Bürgermeister
un médecin	ein Arzt
un ministre	ein Minister
un peintre	ein Maler

un pilote	ein Pilot
un professeur	ein Lehrer

Man behilft sich mit Formulierungen wie z. B.: **Madame le juge, Madame le ministre, une femme auteur, une femme médecin** – **Frau Richterin, Frau Ministerin, eine Autorin, eine Ärztin.**

5. Bei einigen Nomen kann man an der Endung ablesen, ob sie maskulin oder feminin sind:

	Typische maskuline Endungen	**Ausnahmen**
-age	**le mariage, le jumelage, le garage, un étage, le stage, le paysage, le voyage, le fromage** die Hochzeit, die (Städte)-partnerschaft, die Garage, eine Etage, das Praktikum, die Landschaft, die Reise, der Käse	**la cage, une image, la page, la plage** der Käfig, ein Bild, die Seite, der Strand
-ail	**le travail, le détail** die Arbeit, das Detail	
-eau	**le bureau, le château, le manteau** der Schreibtisch, das Schloss, der Mantel	
-ège	**le collège** das Collège (Schultyp)	
-ent	**l'accent, l'argent, le vent** der Akzent, das Geld, der Wind	
-isme	**le tourisme, l'alpinisme, l'athlétisme, le socialisme** der Tourismus, das Bergsteigen, die Leichtathletik, der Sozialismus	
-ment	**un appartement, le monument, le renseignement, le comportement, un événement** eine Wohnung, das Denkmal, die Auskunft, das Verhalten, ein Ereignis	
-oir	**un devoir, le trottoir** eine Schulaufgabe, der Bürgersteig	
-teur	**le moteur, un ordinateur** der Motor, ein Computer	

	Typische feminine Endungen	Ausnahmen
-ade	la salade, la promenade, la balade der Salat, der Spaziergang, der Spaziergang (fam.)	le stade das Stadion
-ance	la correspondance, la connaissance, une ambiance der Anschluß/der Briefwechsel, die Bekanntschaft, eine Stimmung	
-ence	la différence, la conférence der Unterschied, die Konferenz	
-ée	la journée, la soirée, la randonnée, une idée der Tag, der Abend, die Wanderung, eine Idee	le musée, le lycée das Museum, das Gymnasium
-esse	une adresse, la jeunesse, la gentillesse eine Adresse, die Jugend, die Freundlichkeit	
-ette	la cassette, la fourchette, une assiette, une omelette die Kassette, die Gabel, ein Teller, ein Omelett	
-ie	la librairie, la boucherie, la boulangerie, la maladie die Buchhandlung, die Fleischerei, die Bäckerei, die Krankheit	
-ion	la question, la réunion, la discussion, une expression die Frage, die Versammlung, die Diskussion, ein Ausdruck	un avion, un million, le camion ein Flugzeug, eine Million, der Lastwagen
-ise	la crise, la chemise, la surprise die Krise, das Hemd, die Überraschung	
-ité	la publicité, la qualité, la spécialité, une unité, une université die Werbung, die Qualität, die Spezialität, eine Einheit, eine Universität	
-tié	la moitié, une amitié, la pitié die Hälfte, eine Freundschaft, das Mitleid	

	Typische feminine Endungen	Ausnahmen
-tion	une addition, une attention, la correction, une exposition, une information, la conversation ein Zusatz / eine Rechnung, eine Achtung, die Korrektur, eine Ausstellung, eine Information, das Gespräch	
-tude	une étude, la solitude, une habitude eine Studie, die Einsamkeit, eine Gewohnheit	

3 Singular und Plural

Den Plural der meisten Nomen bilden Sie, indem Sie ein -s an das Nomen anhängen. Da das -s nicht ausgesprochen wird, können Sie in der gesprochenen Sprache den Plural meist nur an dem (oder den) Begleiter(n), z.B. am Artikel, erkennen.

le billet	les billets	die Fahrkarte	die Fahrkarten
la gare	les gares	der Bahnhof	die Bahnhöfe
un café	des cafés	ein Café	Cafés
une table	des tables	ein Tisch	Tische

Nomen, die schon auf -s, -x oder -z enden, erhalten kein weiteres -s für den Plural.

le cours	les cours	der Kurs	die Kurse
le prix	les prix	der Preis	die Preise
le nez	les nez	die Nase	die Nasen

Neben der regelmäßigen Pluralbildung auf -s gibt es besondere Pluralformen. Die meisten Nomen auf -ail bilden den Plural auf -s. Nur einige bilden den Plural auf -aux.

le détail	les détails	das Detail	die Details
le travail	les travaux	die Arbeit	die Arbeiten

Nomen auf -al haben die Pluralendung -aux.

le journal	les journaux	die Zeitung	die Zeitungen
un animal	les animaux	ein Tier	Tiere

Ausnahmen:

le bal	les bals	der Tanzball	die Tanzbälle
le festival	les festivals	das Festival	die Festivals
le carnaval	les carnavals	der Karneval	die Karnevale

Nomen auf -au und -eau bilden den Plural mit -x.

le bureau	les bureaux	das Büro	die Büros
le manteau	les manteaux	der Mantel	die Mäntel
le cadeau	les cadeaux	das Geschenk	die Geschenke

Nomen auf -eu bilden den Plural mit -x.

le cheveu	les cheveux	das Haar	die Haare
le neveu	les neveux	der Neffe	die Neffen
le feu	les feux	das Feuer	die Feuer
le lieu	les lieux	der Ort	die Orte

Ausnahmen:

le pneu	les pneus	der Reifen	die Reifen

Die meisten Nomen auf -ou bilden den Plural auf -s.

le clou	les clous	der Nagel	die Nägel
le cou	les cous	der Hals	die Hälse
le trou	les trous	das Loch	die Löcher

Ausnahmen:

le bijou	les bijoux
der Schmuck	die Schmuckstücke
le chou	les choux
der Kohl	–
le genou	les genoux
das Knie	die Knie

· Wo haben Sie diese Schmuckstücke geraubt?
– Aber, das sind Geschenke.

Einige Nomen haben ganz besondere Pluralformen.

Madame	Mesdames		
Mademoiselle	Mesdemoiselles		
Monsieur	Messieurs		
un œil [ɛ̃nœj]	des yeux [dezjø]	ein Auge	Augen

In zwei wichtigen Fällen verändert sich die Aussprache der Pluralform:

un œuf [ɛ̃nœf]	des œufs [dezø]	ein Ei	Eier
un bœuf [bœf]	des bœufs [bø]	ein Rind	Rinder

4 Der Plural der zusammengesetzten Nomen

Die Pluralbildung der zusammengesetzten Nomen ist sehr unterschiedlich. Hier sehen Sie in Zweifelsfällen am besten im Wörterbuch nach.

le wagon-restaurant der Speisewagen	les wagons-restaurants die Speisewagen
le timbre-poste die Briefmarke	les timbres-poste die Briefmarken
le tire-bouchon der Korkenzieher	les tire-bouchons die Korkenzieher
le porte-monnaie die Geldbörse	les porte-monnaie die Geldbörsen

5 Nomen ohne Singular

Einige Nomen werden im Französischen nur im Plural gebraucht, z. B.:

les environs	die Umgebung
les frais	die Kosten
les gens	die Leute
les honoraires	das Honorar
les mathématiques	die Mathematik

6 Die Begleiter

Nomen (oder Substantive) werden im Deutschen wie im Französischen meistens von anderen Wörtern begleitet, die das Nomen näher bestimmen, z. B.: „das Buch“, „ihr Vater“, „eine Blume“, „dieser Bahnhof“. Diese Wörter nennt man Begleiter.

Welche Begleiter gibt es im Französischen?

die unbestimmten Artikel	un, une, des ein, eine, Artikel im Deutschen nicht vorhanden
die bestimmten Artikel	le, la, les der, die (f. Sg.), die (Pl.)
die Teilungsartikel	du café, de la crème, des pommes Kaffee, Creme, Äpfel
das partitive de	beaucoup de café viel Kaffee

die Possessivbegleiter	**mon, ma, mes, ton, ta ...** mein, meine (f. Sg.), meine (Pl.), dein, deine ...
den Demonstrativbegleiter	**ce, cette, ces** dieser (m. Sg.), diese (f. Sg.), diese (Pl.)
den Frage- und Ausrufebegleiter	**quel, quelle, quels, quelles** welcher, welche (f. Sg.), welche (m. Pl.), welche (f. Pl.)
die unbestimmten Begleiter	**tout, chaque, autre ...** alle, jeder, andere ...
die Zahlen	**un, deux, trois ...** ein, zwei, drei ...

une clé	des clés	mes clés	quelle clé?	cette clé
ein Schlüssel	Schlüssel	meine Schlüssel	welcher Schlüssel	dieser Schlüssel

7 Der unbestimmte Artikel

Unbestimmte Artikel kennen Sie auch aus dem Deutschen: „ein Buch", „eine Blume", „ein Haus".

Singular

un restaurant ein Restaurant	**un** hôtel ein Hotel	**un** ist der unbestimmte Artikel für maskuline Nomen.
une cassette eine Kassette	**une** adresse eine Adresse	**une** ist der unbestimmte Artikel für feminine Nomen.

Plural

des restaurants Restaurants **des** cassettes Kassetten	**des** hôtels Hotels **des** adresses Adressen	**des** ist die Form des unbestimmten Artikels im Plural für maskuline und feminine Nomen. Im Deutschen gibt es keine Pluralform des unbestimmten Artikels.

un_hôtel [ɛ̃notɛl] des_adresses [dezadrɛs]	Vor Vokal und stummem **h** wird **un** [ɛ̃n] und **des** [dez] ausgesprochen.
des illustrations Illustrationen **de** belles illustrations schöne Illustrationen	In der Regel steht vor Adjektiven statt **des de**. In der gesprochenen Sprache hört man aber häufig **des**.
Elle n'a plus **de** tomates. Sie hat keine Tomaten mehr.	Auch in verneinten Sätzen steht **de** statt **des**.

8 Der bestimmte Artikel

1 Der bestimmte Artikel

Im Deutschen gibt es drei bestimmte Artikel im Singular: „der", „die", „das" und im Plural einen: „die". Im Französischen hat der bestimmte Artikel folgende Formen:

Singular

le restaurant das Restaurant	**l'**hôtel das Hotel	**le** ist der bestimmte Artikel für maskuline Nomen.
la cassette die Kassette	**l'**adresse die Adresse	**la** ist der bestimmte Artikel für feminine Nomen. Beginnt das Nomen mit einem Vokal oder mit stummem **h**, werden **le** und **la** apostrophiert, das heißt zu **l'** verkürzt.

Plural

les restaurants die Restaurants **les** cassettes die Kassetten	**les** hôtels die Hotels **les** adresses die Adressen	Der bestimmte Artikel im Plural ist für maskuline und feminine Nomen **les**.
les_hôtels [lezotɛl] les_adresses [lezadrɛs]		Vor Vokal und stummem **h** wird **les** [lez] ausgesprochen.
le hamburger der Hamburger **le** haricot die Bohne	**la** haine der Hass **la** hauteur die Höhe	Nicht jedes **h** im Französischen ist ein stummes **h**. Vor einigen Wörtern, die mit **h** beginnen, wird die normale Form des Artikels (nicht **l'**)

le hasard der Zufall	**la** hiérarchie die Hierarchie	gebraucht. Diese Wörter sind im Wörterbuch meist mit Sternchen (*) gekennzeichnet: *héros
le héros der Held	**la** honte die Schande	

2 Der zusammengezogene Artikel

Zusammengezogene Artikel gibt es auch im Deutschen: „Ich gehe zum (zu dem) Bahnhof." „Ich schaue ins (in das) Buch".
Im Französischen können die bestimmten Artikel mit den Präpositionen **de** und **à** zusammengezogen werden.

1. de mit Artikel

Voici une copie Hier eine Kopie	de la	chanson. des Liedes.	Nur die Artikel **le** und **les** werden mit der Präposition **de** zusammengezogen:
	de l'	article. des Artikels.	de + le = du
	du	dossier. der Akte.	de + les = des
	des	recettes. der Einnahmen.	

Die Präposition **de** kommt auch in präpositionalen Ausdrücken wie **près de**, **à côté de** usw. vor. Auch in diesen Ausdrücken muss **de**, wenn es vor **le** oder **les** steht, zu **du/des** verändert werden.

près **du** cinéma	(près de)	nahe des Kinos
à côté **du** parc	(à côté de)	neben dem Park
à gauche **des** halles	(à gauche de)	links von den Hallen

2. à mit Artikel

Florence va Florence geht	à la	gare. zum Bahnhof.	Nur die Artikel **le** und **les** werden mit der Präposition **à** zusammengezogen:
	à l'	école. zur Schule.	à + le = au
	au	marché. zum Markt.	à + les = aux
	aux	halles. zu den Hallen.	

Die Präposition **à** kommt auch in präpositionalen Ausdrücken wie **grâce à**, **jusqu'à** usw. vor. Auch in diesen Ausdrücken muss **à**, wenn es vor **le** oder **les** steht, zu **au/aux** verändert werden.

jusqu'**au** parc	(jusqu'à)	bis zum Park
grâce **aux** grands-parents	(grâce à)	dank der Großeltern

3 Der Gebrauch des bestimmten Artikels

Der Gebrauch des bestimmten Artikels ist im Deutschen und im Französischen nicht immer gleich.

Manchmal steht im Französischen ein Artikel und im Deutschen nicht. Im folgenden Abschnitt finden Sie die wichtigsten Unterschiede im Gebrauch der bestimmten Artikel.

1. Der bestimmte Artikel bei geografischen Namen

Anders als im Deutschen steht im Französischen bei Kontinenten der bestimmte Artikel. Die Namen der Kontinente sind alle feminin.

l'Europe	Europa
l'Amérique	Amerika
l'Asie	Asien
l'Afrique	Afrika
l'Océanie	Ozeanien

Bei Ländernamen steht im Französischen meistens der bestimmte Artikel.
Ausnahmen sind: Israël, Andorre, Monaco, Saint-Marin.
Ländernamen können maskulin oder feminin sein.

le Luxembourg	Luxemburg
le Portugal	Portugal
le Mexique	Mexiko
la France	Frankreich
la Suisse	Schweiz
l'Allemagne *(f.)*	Deutschland
les Pays-Bas	Niederlande
les États-Unis	Vereinigte Staaten

2. Der bestimmte Artikel bei Zeitangaben

Der Wochentag ohne Artikel bezeichnet einen bestimmten Tag.

Vous pouvez venir **mardi**?
Können Sie am Dienstag kommen?

Der bestimmte Artikel vor dem Wochentag drückt eine Wiederholung aus. Im Deutschen fügt man dafür ein -s an den Wochentag an.

Non, **le mardi** j'ai toujours un cours de français.
Nein, dienstags habe ich immer einen Französischkurs.

Ein Datum gibt man mit dem bestimmten Artikel an.

Aujourd'hui, nous sommes **le** 20 août.
Heute ist der 20. August.
Les vacances commencent **le** 15 juillet.
Die Ferien beginnen am 15. Juli

Bei Angaben von Tageszeiten ist der Gebrauch unterschiedlich:

le matin, **le** soir, **la** nuit morgens, abends, nachts	mit Artikel, um eine Regelmäßigkeit auszudrücken;
ce soir, **cette** nuit heute Abend, heute Nacht	mit Demonstrativbegleiter, wenn es sich auf den **heutigen** Tag bezieht;
demain matin, lundi soir morgen früh/Vormittag, Montagabend	ohne Artikel, wenn ein Zeitadverb oder ein Wochentag hinzukommt.

3. Außerdem wird im Französischen der Artikel verwendet:

Elle a **les** yeux bleus. Sie hat blaue Augen.	bei Körperteilen,
les mathématiques, **la** chimie Mathematik, Chemie	bei Schulfächern und Wissenschaften,
le commissaire Maigret Kommissar Maigret	bei Titel + Namen,
Monsieur **le** maire Herr Bürgermeister	zwischen **Monsieur/Madame** und der Angabe eines Titels.

⚠	Monsieur	le monsieur	Vor **Madame** und **Mademoiselle** steht nie ein Artikel. Sie sind reine Anredeformen.
Aber:	Madame	la dame	
	Mademoiselle	la demoiselle	

9 Das partitive *de* und der Teilungsartikel

1 Das partitive *de*

Im Deutschen steht nach einer Mengenangabe kein Artikel: „ein Glas Saft", „ein Kilo Kartoffeln", „wenig Salz". Im Französischen verwenden Sie nach einer Mengenangabe das partitive **de**. Vor Vokal und stummem **h** wird **de** apostrophiert.

Inès achète Ines kauft	**deux kilos de** pommes.	… zwei Kilo Äpfel.
	un litre de lait.	… einen Liter Milch.
	une bouteille d'huile.	… eine Flasche Öl.
	un kilo d'oranges.	… ein Kilo Orangen.
Elle a encore Sie hat noch	**assez de** beurre.	… genug Butter.
	beaucoup de fromage.	… viel Käse.

Mengenangaben können sein:

un kilo	ein Kilo	Nomen,
un litre	ein Liter	
une boîte	eine Dose	
un paquet	eine Packung	
une tasse	eine Tasse	
assez	genug	Adverbien,
peu	wenig	
beaucoup	viel	
trop	zu viel	
combien	wie viel	
ne ... pas	kein	Verneinungen.
ne ... plus	kein … mehr	

du lait (Milch)

un verre de lait (ein Glas Milch)

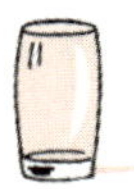

pas de lait (keine Milch)

trop de lait (zuviel Milch)

peu de lait (wenig Milch)

2 Der Teilungsartikel

Nach einer Mengenangabe verwenden Sie das partitive **de**:

Inès achète Ines kauft	**deux kilos de** pommes.	... zwei Kilo Äpfel.
	un litre de lait.	... einen Liter Milch.
	trois bouteilles d'eau minérale.	... drei Flaschen Mineralwasser.
	un pot de confiture.	... ein Glas Marmelade.

Aber ohne Mengenangabe:

Inès achète Ines kauft	**des** pommes.	... Äpfel.
	du lait.	... Milch.
	de l'eau minérale.	... Mineralwasser.
	de la confiture.	... Marmelade.

Diese Sätze enthalten keine Mengenangabe. Man weiß nicht, wie viele Äpfel oder wie viel Milch Inès gekauft hat. Im Deutschen verwenden Sie an dieser Stelle keinen Artikel. Im Französischen verwenden Sie den Teilungsartikel.

Die Formen des Teilungsartikels werden aus **de** + bestimmtem Artikel gebildet:

de la	
de l'	
du	de + le = du
des	de + les = des

Nicht nur konkrete Gegenstände wie Äpfel, Brot oder Wasser werden mit dem Teilungsartikel angegeben. Auch abstrakte Begriffe werden damit verbunden.

Sylvie a **de la** chance.
Sylvie hat Glück.

Pierre a **de l'**humour.
Pierre hat Humor.

Ils ont **de l'**expérience.
Sie haben Erfahrung.

· Haben Sie Tabak?
– Nein, wir verkaufen hier keinen Tabak.

10 Der Possessivbegleiter

Possessivbegleiter sind Begleiter, die eine Zugehörigkeit oder einen Besitz ausdrücken: „**mein** Hund", „**seine** Blume", „**ihr** Auto".

Wie alle anderen Begleiter richtet sich der Possessivbegleiter im Französischen nach Geschlecht und Zahl des Nomens, vor dem er steht.

1. Possessivbegleiter für maskuline und feminine Nomen im Singular

mon, ton, son stehen vor maskulinen Nomen im Singular, aber auch vor femininen Nomen im Singular, die mit Vokal oder stummem **h** beginnen.
ma, ta, sa stehen vor femininen Nomen im Singular, die mit Konsonant beginnen.
notre, votre, leur stehen vor maskulinen und femininen Nomen.

Maskulinum	Femininum	
mon bureau mein Büro	**mon** adresse meine Adresse	**ma** clé mein Schlüssel
ton chien dein Hund	**ton** amie deine Freundin	**ta** copine deine Freundin
son accent sein/ihr Akzent	**son** histoire seine/ihre Geschichte	**sa** ville seine/ihre Stadt

notre bureau
unser Büro
votre adresse
eure/Ihre Adresse
leur clé
ihr Schlüssel

2. Possessivbegleiter für maskuline und feminine Nomen im Plural

mes	amis	meine Freunde	
tes	copines	deine Freundinnen	
ses	clients	seine/ihre Kunden	
nos	relations	unsere Beziehungen	
vos	paquets	eure/Ihre Pakete	
leurs	parents	ihre Eltern	

mes, tes, ses, nos, vos, leurs stehen vor maskulinen und femininen Nomen im Plural.

Vor Vokal und stummem **h** werden **mes, tes, ses, nos, vos, leurs** ausgesprochen: mes‿amis [mezami]

Für die vier deutschen Formen „sein/ihr“, „seine/ihre“ gibt es im Französischen nur zwei Entsprechungen: **son** und **sa**. Welche der beiden Sie verwenden müssen, hängt nur vom Geschlecht des nachfolgenden Nomens ab. Das Geschlecht des „Besitzers“ spielt keine Rolle.

son livre – ihr Buch

son livre – sein Buch

sa voiture – ihr Auto

sa voiture – sein Auto

leur steht vor einem Nomen im Singular, **leurs** steht vor einem Nomen im Plural.

leur chat – ihre Katze

leurs chats – ihre Katzen

11 Der Demonstrativbegleiter

Den Demonstrativbegleiter verwenden Sie, wenn Sie auf eine ganz bestimmte Person oder einen ganz bestimmten Gegenstand hinweisen wollen: „dieser Mann“, „diese Zeitung“, „diese Leute“.

	Maskulinum	Femininum
Singular	ce bureau dieser Schreibtisch cet acteur dieser Schauspieler	cette rue diese Straße cette avenue diese Allee
Plural	ces bureaux diese Büros ces acteurs diese Schauspieler	ces rues diese Straßen ces avenues diese Alleen

Im Singular hat der maskuline Demonstrativbegleiter zwei Formen: ce und cet.
ce verwenden Sie vor Wörtern, die mit Konsonanten beginnen.
cet verwenden Sie vor Nomen, die mit Vokal oder stummem h beginnen:

cet exercice	ce petit exercice	diese Übung, diese kleine Übung
cet hôtel	ce grand hôtel	dieses Hotel, dieses große Hotel

**Nein, bitte diese Dose hier.*

Aussprache: cet und cette klingen gleich.
ces und ses klingen gleich. Was jeweils gemeint ist, müssen Sie aus dem Zusammenhang entnehmen.

In einigen französischen Ausdrücken wird im Unterschied zum Deutschen der Demonstrativbegleiter verwendet.

ce matin / **ce** soir	heute Morgen / heute Abend
cette nuit	heute Nacht
un de **ces** jours	in den nächsten Tagen
ces derniers temps	in der letzten Zeit

12 Der Frage- und Ausrufebegleiter *quel*

Der Begleiter quel richtet sich in Geschlecht und Zahl nach dem Nomen, vor dem er steht.

	Maskulinum		Femininum	
Singular	**Quel** vin?	Welcher Wein?	**Quelle** ville?	Welche Stadt?
Plural	**Quels** vins?	Welche Weine?	**Quelles** villes?	Welche Städte?

Aussprache: Alle vier Formen des Begleiters quel klingen vor Konsonanten gleich. Vor Vokal und stummem h wird das -s von quels und quelles gebunden: Quels‿amis? [kɛlzami]

quel verwenden Sie:

um eine direkte Frage einzuleiten,

„Welchen Wein nehmen wir?“

um eine indirekte Frage einzuleiten,

„Ich frage mich, welchen Wein sie nehmen.“

bei Ausrufen.

„Was für ein Wein!“

In einigen wichtigen französischen Ausdrücken wird der Begleiter **quel** verwendet, z. B. um nach der Uhrzeit, dem Namen, dem Alter oder der Adresse zu fragen.

Il est **quelle** heure?	Wieviel Uhr ist es?
Quel est votre nom?	Wie heißen Sie?
Quel âge as-tu?	Wie alt bist du?
Quelle est ton adresse?	Wie ist deine Adresse?

13 Die unbestimmten Begleiter

1. aucun

aucun wird an das Nomen, das es begleitet, im Geschlecht angeglichen.
aucun wird nur vor Nomen im Singular verwendet.
Es steht in verneinten Sätzen zusammen mit **ne** oder nach **sans**.

Elle **n'**a **aucun** problème.	Sie hat kein (einziges) Problem.
Il **n'**a **aucune** idée.	Er hat keine (einzige) Idee.
Son texte est **sans aucune** faute.	Sein/Ihr Text ist ohne einen (einzigen) Fehler.

aucun kann auch das Subjekt eines Satzes begleiten. **aucun** steht dann vor dem Nomen, **ne** vor dem Verb.

Aucun client **n'**a appelé.	Kein (einziger) Kunde hat angerufen.

2. autre

autre wird in der Zahl an das Nomen angeglichen, vor dem es steht.

un **autre** restaurant	ein anderes Restaurant
une **autre** cassette	eine andere Kassette
d'**autres** restaurants	andere Restaurants
d'**autres** cassettes	andere Kassetten

Vor **autre** steht in der Regel noch ein anderer Begleiter:

les autres clients	die anderen Kunden	der bestimmte Artikel,
un autre film	ein anderer Film	der unbestimmte Artikel,
cette autre ville	diese andere Stadt	der Demonstrativbegleiter,
mon autre adresse	meine andere Adresse	der Possessivbegleiter.

3. chaque

chaque hat nur eine einzige Form und steht nur vor Nomen im Singular.

chaque homme	jeder Mann
chaque femme	jede Frau

4. tout

Der Begleiter **tout** wird in Geschlecht und Zahl an das Nomen, vor dem es steht, angeglichen. **tout** bedeutet im Singular „ganz" und im Plural „alle".

tout le journal	die ganze Zeitung
toute la famille	die ganze Familie
tous mes copains	alle meine Freunde
toutes les chansons	alle Lieder

Nach **tout** steht meist noch ein Begleiter:

toute la journée	den ganzen Tag (lang)	ein bestimmter Artikel,
toute une après-midi	einen ganzen Nachmittag	ein unbestimmter Artikel,
tous ces articles	alle diese Artikel	ein Demonstrativbegleiter,
tous ses livres	alle seine/ihre Bücher	ein Possessivbegleiter.

5. n'importe quel

n'importe quel entspricht dem deutschen „irgendein/e". **quel** wird in Geschlecht und Zahl an das Nomen, das es begleitet, angeglichen.

n'importe quel problème irgendein Problem	**n'importe quelle** question irgendeine Frage
n'importe quels problèmes irgendwelche Probleme	**n'importe quelles** questions irgendwelche Fragen

6. tel

tel entspricht dem deutschen „solch“, „solche“.
tel wird in Geschlecht und Zahl dem Nomen angeglichen, das es begleitet.
tel steht immer direkt vor dem Nomen und wird in der Regel zusammen mit dem unbestimmten Artikel verwendet.

un **tel** désordre eine solche Unordnung	une **telle** catastrophe eine solche Katastrophe
de **tels** mots solche Wörter	de **telles** expressions solche Ausdrücke

14 Die Zahlwörter

1 Die Grundzahlen

0	zéro	31	trente et un/e
1	un, une	40	quarante
2	deux	50	cinquante
3	trois	60	soixante
4	quatre	70	soixante-dix
5	cinq	71	soixante et onze
6	six	72	soixante-douze
7	sept	79	soixante-dix-neuf
8	huit	80	quatre-vingts
9	neuf	81	quatre-vingt-un
10	dix	82	quatre-vingt-deux
11	onze	90	quatre-vingt-dix
12	douze	91	quatre-vingt-onze
13	treize	92	quatre-vingt-douze
14	quatorze	99	quatre-vingt-dix-neuf
15	quinze	100	cent
16	seize	101	cent un/e
17	dix-sept	110	cent dix
18	dix-huit	200	deux cents
19	dix-neuf	1000	mille
20	vingt	1789	mille sept cent quatre-vingt-neuf
21	vingt et un/e	2000	deux mille
22	vingt-deux	1000000	un million
30	trente		

Im Unterschied zum Deutschen sind französische Zahlen maskulin.
Für „eins" gibt es auch eine feminine Form.

C'est **un** trois ou **un** cinq?	Ist das eine drei oder eine fünf?
Trente et **un** livres.	Einunddreißig Bücher.
Vingt et **une** cassettes.	Einundzwanzig Kassetten.

zéro, vingt, cent haben eine Pluralform, wenn sie als letzte Zahl stehen.
Folgt eine weitere Zahl, entfällt das Plural -s.

deux **zéros**	zwei Nullen
quatre-**vingts**	achtzig
aber: quatre-**vingt**-quatre	vierundachtzig
deux **cents** aber: deux **cent** dix	zweihundert, zweihundertzehn

mille ist unveränderlich.

mille, trois **mille**,	eintausend, dreitausend,
trois **mille** deux cents	dreitausendzweihundert

million hat im Plural ein -s, auch dann, wenn eine weitere Zahl folgt.

deux **millions**	zwei Millionen
deux **millions** trois cent mille	zwei Millionen dreihunderttausend

Nach million werden Nomen (wie bei Mengenangaben) mit de angeschlossen.

un million **de** voitures	eine Million Autos
deux millions **d'**euros	zwei Millionen Euro

Folgt allerdings auf million eine weitere Zahl, entfällt das de.

Deux millions cinq cent mille habitants	zwei Millionen fünfhunderttausend Einwohner

2 Die Ordnungszahlen

le	1er	le premier
la	1re	la première
le/la	2e	le/la deuxième, le/la second/e
le/la	3e	le/la troisième
le/la	4e	le/la quatrième
le/la	5e	le/la cinquième

le/la	6e	le/la sixième	le/la	10e	le/la dixième
le/la	7e	le/la septième	le/la	11e	le/la onzième
le/la	8e	le/la huitième	le/la	12e	le/la douzième
le/la	9e	le/la neuvième	le/la	20e	le/la vingtième
			le/la	21e	le/la vingt et unième
			le/la	30e	le/la trentième usw.
			le/la	100e	le/la centième
			le/la	200e	le/la deuxcentième
			le/la	1000e	le/la millième
			le/la	1001e	le/la mille et unième

Die Ordnungszahlen bilden Sie, indem Sie an die Grundzahlen die Endung **-ième** anhängen. Ausnahme: **premier/première.** – der Erste, die Erste.
Endet die Grundzahl auf **-e**, fällt dieses bei der Ordnungszahl weg: **onze, onzième** – elf, der Elfte.

Ein Datum wird im Französischen immer mit der Grundzahl angegeben.

le **trois** mai	der/am dritte/n Mai
Il est né le **29** août.	Er ist am 29. August geboren.

Nur der Erste eines Monats wird mit der Ordnungszahl angegeben:

le **premier** mars/mai/décembre — der/am erste/n März/Mai/Dezember

Aus den Ordnungszahlen können Sie Adverbien ableiten.

premièrement	erstens	deuxièmement	zweitens

3 Bruchzahlen

Den Zähler der Bruchzahl bilden Sie mit einer Grundzahl, den Nenner mit einer Ordnungszahl. Ausnahmen: **un demi, un tiers, un quart** – ein Halb, ein Drittel, ein Viertel.

$1/5$	un cinquième	$2/5$	deux cinquièmes
$1/6$	un sixième	$5/6$	cinq sixièmes

aber:

$1/2$ un **demi** $1/3$ un **tiers** $1/4$ un **quart**

4 Sammelzahlen

Im Französischen gibt es Sammelzahlen, mit denen Sie eine ungefähre Anzahl bezeichnen können. Ausnahme: une **douzaine** d'œufs (ein Dutzend Eier)

une **dizaine** de personnes	ungefähr zehn Personen
une **quinzaine** de participants	etwa fünfzehn Teilnehmer
une **vingtaine** de clients	zirka zwanzig Kunden
une **centaine** de livres	etwa einhundert Bücher
aber: un **millier** de fotos	etwa tausend Fotos

Sammelzahlen können Sie nur aus einfachen (also nicht zusammengesetzten) Zahlen bilden.
Bei zusammengesetzten Zahlen verwenden Sie environ + Grundzahl.

environ quatre-vingts personnes	ungefähr achtzig Personen

5 Die Grundrechenarten

2 + 2 = 4	Deux plus deux font quatre.
4 – 2 = 2	Quatre moins deux font deux.
10 x 10 = 100	Dix fois dix font cent.
100 : 10 = 10	Cent divisé par dix font dix.

Das Adjektiv

15 Einleitung

Mit Adjektiven (Eigenschaftswörtern) können Sie Eigenschaften von Personen und Sachen beschreiben: „eine **junge** Frau", „ein **schönes** Bild".
Adjektive werden wie die Begleiter an das Nomen angeglichen, zu dem sie gehören. Das bedeutet jedoch nicht, dass alle Adjektive auch vier verschiedene Formen haben.

16 Unveränderliche Adjektive

Diese Adjektive haben nur eine Form.
Sie sind im Singular und im Plural unveränderlich.

des vacances **bon marché**	billige Ferien
un film **super**	ein toller Film

des collègues **chouette**	nette Kollegen
la musique **pop**	Popmusik
des pantalons **olive**	olivgrüne Hosen
des vêtements **sport**	sportliche Kleidung
des yeux **bleu ciel**	himmelblaue Augen

17 Adjektive mit gleicher maskuliner und femininer Form

Adjektive, deren maskuline Singularform auf -e endet, haben nur eine Singular- und eine Pluralform. Um die Pluralform zu bilden, hängen Sie ein -s an die Singularform an. Dazu zählen außerdem: aimable, possible, pratique, rapide, usw. – liebenswert, möglich, praktisch, schnell, usw.

un garçon une fille	**sympathique** et **calme**

ein sympathischer und ruhiger Junge
ein sympathisches und ruhiges Mädchen

des garçons des filles	**sympathiques** et **calmes**

sympathische und ruhige Jungen
sympathische und ruhige Mädchen

18 Adjektive mit unterschiedlicher maskuliner und femininer Form

Die meisten Adjektive haben unterschiedliche maskuline und feminine Formen.

maskulin	feminin
un homme **blond** ein blonder Mann	une femme **blonde** eine blonde Frau
un **grand** bureau ein großer Schreibtisch	une **grande** table ein großer Tisch

In der Regel unterscheidet sich die feminine von der maskulinen Form durch das Anhängen eines -e an die maskuline Form.

Von diesen Adjektiven gibt es zwei Gruppen:

1. Bei der ersten Gruppe von Adjektiven machen Sie zwar beim Schreiben einen Unterschied zwischen maskuliner und femininer Form, beide Formen werden aber gleich ausgesprochen.

Das ist der Fall bei Adjektiven:

- die auf einem Vokal enden; dazu zählen unter anderem: gai, vrai, poli, fermé – fröhlich, wahr, höflich, geschlossen.

un joli jardin	une jolie maison [ʒɔli]
ein hübscher Garten	ein hübsches Haus
un vélo bleu	une voiture bleue [blø]
ein blaues Fahrrad	ein blaues Auto

- die auf einem Konsonanten enden, der ausgesprochen wird; dazu zählen unter anderem: clair, direct, correct, espagnol – klar. direkt, richtig, spanisch.

un pantalon noir	une robe noire [nwar]
eine schwarze Hose	ein schwarzes Kleid
un texte original	une chanson originale [ɔriʒinal]
ein Originaltext	ein Originallied

- die eine besondere Schreibweise für die feminine Form haben. Dazu zählen auch Adjektive, die auf -el enden.

un hôtel cher	une chambre chère [ʃɛr]
ein teures Hotel	ein teures Zimmer
un jardin public	une réunion publique [pyblik]
ein öffentlicher Garten	eine öffentliche Versammlung

2. Bei der zweiten Gruppe dieser Adjektive verändert das -e an der femininen Form die Aussprache des Adjektivs: Der Endkonsonant, der bei der maskulinen Form nicht ausgesprochen wird, wird bei der femininen Form ausgesprochen.

Zu dieser Gruppe zählen Adjektive, deren maskuline Form im Schriftbild auf -d, -t oder -s endet.

grand [grɑ̃]	grande [grɑ̃d]	groß
petit [p(ə)ti]	petite [p(ə)tit]	klein
gris [gri]	grise [griz]	grau
français [frɑ̃sɛ]	française [frɑ̃sɛz]	französisch
allemand [almɑ̃]	allemande [almɑ̃d]	deutsch

Bei Adjektiven, die auf -n enden, wird bei der femininen Form außerdem noch der Endkonsonant verdoppelt. Dazu zählen außerdem: **italien, parisien, quotidien** – italienisch, parisisch, täglich.

un bon repas [bɔ̃] ein gutes Essen	**une bonne affaire** [bɔn] ein gutes Geschäft
le Parlement européen [ørɔpeɛ̃] das Europäische Parlament	**l'union européenne** [ørɔpeɛn] die Europäische Union

Ebenso bei einigen Adjektiven auf -s.
Dazu zählen unter anderem: **gras, épais** – fett, dick.

un gros camion [gro] ein großer Lastwagen	**une grosse voiture** [gros] ein großes Auto
un ciel bas [bɑ] ein trüber Himmel	**la marée basse** [bɑs] das Ebbe

Bei Adjektiven, die auf -er enden, erhält die feminine Form zusätzlich einen **accent grave**. Dazu zählen unter anderem: **premier, léger, entier, financier** – erster, leicht, ganz, finanziell.

l'an dernier [dɛrnje] letztes Jahr	**la semaine dernière** [dɛrnjɛr] letzte Woche
un accent étranger [etrɑ̃ʒe] ein ausländischer Akzent	**la langue étrangère** [etrɑ̃ʒɛr] die Fremdsprache

Ebenso einige Adjektive auf -et. Dazu zählen unter anderem: **discret, inquiet, secret** – diskret, beunruhigt, geheim.

le pain complet [kɔ̃plɛ] das Vollkornbrot	**la liste complète** [kɔ̃plɛt] die vollständige Liste

3. Einige Adjektive haben eigene Endungen für die feminine Form.

Adjektive auf -eux bilden die feminine Form auf -euse. Dazu zählen u. a.: **heureux, merveilleux, précieux** – glücklich, wunderbar, kostbar.

un problème sérieux [serjø] ein ernstes Problem	**une question sérieuse** [serjøz] eine ernste Frage
un garçon curieux [kyrjø] ein neugieriger Junge	**une fille curieuse** [kyrjøz] ein neugieriges Mädchen

Adjektive auf -**if** und -**euf** bilden die feminine Form auf -**ive** und -**euve**. Dazu zählen unter anderem: **exclusif, actif** – exklusiv, aktiv.

un homme sportif [spɔrtif] ein sportlicher Mann	une femme sportive [spɔrtiv] eine sportliche Frau
un pantalon neuf [nœf] eine neue Hose	une voiture neuve [nœv] ein neues Auto

19 Der Plural der Adjektive

Die meisten Adjektive bilden die Pluralformen auf -**s**, das nur geschrieben, aber nicht ausgesprochen wird.

les grands bureaux [grɑ̃] die großen Schreibtische	les grandes tables [grɑ̃d] die großen Tische
des vélos bleus [blø] blaue Fahrräder	des voitures bleues [blø] blaue Autos
de bons repas [bɔ̃] gute Essen	de bonnes relations [bɔn] gute Beziehungen
les touristes étrangers [etrɑ̃ʒe] die ausländischen Touristen	les langues étrangères [etrɑ̃ʒɛr] die Fremdsprachen
des garçons sportifs [spɔrtif] sportliche Jungen	des filles sportives [spɔrtiv] sportliche Mädchen

Endet die maskuline Singularform eines Adjektives schon auf -**s** oder auf -**x**, müssen Sie an die maskuline Pluralform kein weiteres -**s** anfügen.

un livre français ein französisches Buch	des livres français französische Bücher
un homme curieux ein neugieriger Mann	des hommes curieux neugierige Männer

Die meisten Adjektive auf -**al** haben eine besondere Pluralform im Maskulinum. Dazu zählen unter anderem: **génial, original** – genial, originell.

un conseil amical [amikal] ein freundschaftlicher Ratschlag	des conseils amicaux [amiko] freundschaftliche Ratschläge
une relation amicale [amikal] eine freundschaftliche Beziehung	des relations amicales [amikal] freundschaftliche Beziehungen

20 Unregelmäßige Adjektive

Maskulinum Singular	Maskulinum Plural	Femininum Singular	Femininum Plural	
blanc	blancs	blanche	blanches	weiß
frais	frais	fraîche	fraîches	frisch
sec	secs	sèche	sèches	trocken
long	longs	longue	longues	lang
doux	doux	douce	douces	mild
faux	faux	fausse	fausses	falsch
fou	fous	folle	folles	verrückt
roux	roux	rousse	rousses	rot

21 Adjektive mit zwei maskulinen Formen

Die maskulinen Formen **vieil, bel, nouvel** werden nur vor maskulinen Nomen, die mit Vokal oder mit stummem **h** beginnen, gebraucht: **un vieil ordinateur.** (ein alter Computer) Aber: **Cet ordinateur est vieux.** (dieser Computer ist alt)

Bei der Aussprache wird das **-l** mit dem nachfolgenden Vokal gebunden: **le nouvel‿an** [nuvɛl̲ɑ̃] – das neue Jahr.

un vieux cinéma
ein altes Kino
une vieille cassette
eine alte Kassette
les vieux appartements
die alten Wohnungen
les vieilles images
die alten Bilder

un vieil‿ami
ein alter Freund

un beau garçon
ein schöner Junge
une belle femme
eine schöne Frau
les beaux monuments
die schönen Momente
les belles maisons
die schönen Häuser

un bel‿homme
ein schöner Mann

un **nouveau** bureau
ein neues Büro
une **nouvelle** voiture
ein neues Auto
les **nouveaux** professeurs
die neuen Lehrer
les **nouvelles** photos
die neuen Fotos

un **nouvel**‿ascenseur
ein neuer Fahrstuhl

22 Der Vergleich

Adjektive können Sie steigern, wenn Sie jemanden oder etwas miteinander vergleichen wollen:

Peter ist **genauso groß wie** Günther.	Gleichheit
Stefan ist **größer als** Jürgen.	Komparativ
Christoph ist **der Größte**.	Superlativ

1 Der Komparativ

Den Komparativ bilden Sie, indem Sie plus/aussi/moins vor das Adjektiv setzen. Das Vergleichswort (im Deutschen „wie“ oder „als“) ist immer que.

Hélène	sa sœur	son frère	Serge
Hélène	ihre Schwester	ihr Bruder	Serge

Hélène est	**plus grande que**	sa sœur,	Hélène ist größer als ihre Schwester,
elle est	**aussi grande que**	son frère,	sie ist genauso groß wie ihr Bruder,
mais elle est	**moins grande que**	Serge.	aber sie ist kleiner als Serge.

Den französischen Komparativ der Unterlegenheit (moins + Adjektiv) übersetzen Sie auf verschiedene Weise ins Deutsche.

Elle est **moins grande** que Serge.	... **kleiner** als ...
Pierre est **moins sportif** que Marcel.	... **unsportlicher** als ...
Ce vin est **moins doux** que l'autre.	... **weniger süß** als ...

2 Der Superlativ

Der Superlativ ist die höchste Steigerungsform. Im Französischen können Sie den Superlativ in zwei Richtungen angeben:

C'est **la plus belle** maison de la ville.	... das schönste ...
C'est l'élève **le moins sportif** du groupe.	... der unsportlichste ...

Den Superlativ bilden Sie, indem Sie der Komparativform den bestimmten Artikel hinzufügen.

Superlativ:

le la les	plus moins	+ Adjektiv

Adjektive können vor oder hinter ihrem Bezugsnomen stehen. Im Superlativ bleibt diese Vor- oder Nachstellung erhalten.

un **vieux** pont eine alte Brücke	**le plus vieux** pont die älteste Brücke
une réaction **intéressante** eine interessante Reaktion	la réaction **la plus intéressante** die interessanteste Reaktion

3 Sonderformen des Komparativs und des Superlativs

Die Steigerungsformen von bon sind unregelmäßig.

Ce vin est **bon.**
Dieser Wein ist gut.
Il est **meilleur** que l'autre.
Er ist besser als der andere.
C'est **le meilleur** livre.
Das ist das beste Buch.

Für **mauvais** gibt es zwei Steigerungsformen mit unterschiedlicher Bedeutung.

mauvais/e schlecht	**plus mauvais/e** schlechter	**le/la plus mauvais/e** der/die/das schlechteste
	pire schlimmer	**le/la pire** der/die/das schlimmste

Cette blague est **mauvaise**. ... schlecht.
Dieser Witz ist schlecht.
Elle est **plus mauvaise** que les autres. ... schlechter ...
Er ist schlechter als die anderen.
Cette journée était **pire** que les autres. ... schlimmer ...
Dieser Tag war schlimmer als die anderen.

23 Gebrauch der Adjektive

Adjektive können Sie direkt vor oder nach dem Nomen als Begleiter verwenden (attributiver Gebrauch des Adjektivs).

J'ai un **grand jardin**.	Ich habe einen großen Garten.
J'ai regardé un **film intéressant**.	Ich habe einen interessanten Film gesehen.

Sie können sie auch nach einigen Verben gebrauchen; dann sind sie Teil des Prädikats (prädikativer Gebrauch).

Mon jardin **est grand**.	Mein Garten ist groß.
Ce film **semble intéressant**.	Dieser Film scheint interessant zu sein.

Im Unterschied zum Deutschen werden französische Adjektive immer an das Nomen, zu dem sie gehören, angeglichen, auch wenn sie nach einem Verb stehen.

une **bonne** idée	eine **gute** Idee
une idée **intéressante**	eine **interessante** Idee
Son idée paraît très **bonne**.	Seine/ihre Idee scheint sehr **gut** zu sein.
Ses idées sont **intéressantes**.	Seine/ihre Ideen sind **interessant**.

Prädikativ gebrauchte Adjektive stehen nach folgenden Verben: **être, devenir, paraître, sembler, rester, rendre, trouver**.

Cette histoire **est** intéressante.	Diese Geschichte ist interessant.
Cette histoire **semble** intéressante.	Diese Geschichte scheint interessant zu sein.
Cette histoire **devient** intéressante.	Diese Geschichte wird interessant.

Bezieht sich ein Adjektiv gleichzeitig auf ein maskulines und ein feminines Nomen, so steht dieses Adjektiv im Plural Maskulinum.

Monsieur et Madame Calvet sont très **sportifs**.
Herr und Frau Calvet sind sehr sportlich.

24 Stellung der Adjektive beim Nomen

Die Stellung der Adjektive bei Nomen ist nicht beliebig. Die meisten Adjektive werden dem Nomen nachgestellt.

Diese häufig gebrauchten Adjektive stehen aber immer vor dem Nomen. **grand** kann auch hinter dem Nomen stehen, hat dann aber eine andere Bedeutung.

un **beau** chat eine schöne Katze	un **mauvais** temps ein schlechtes Wetter	une **grosse** voiture ein großes Auto
une **jolie** fille ein hübsches Mädchen	une **grande** ville eine große Stadt	une **jeune** femme eine junge Frau
un **bon** vin ein guter Wein	un **petit** bateau ein kleines Schiff	un **vieux** quartier ein altes Stadtviertel

Nachgestellt werden vor allem:

une chanson **traditionnelle** ein traditionelles Lied	lange Adjektive,
un fromage **français** ein französischer Käse	Nationalitätenbezeichnungen,
une fleur **rouge** eine rote Blume	Farbadjektive.

25 Bedeutungsänderungen bei Adjektiven

Einige Adjektive verändern ihre Bedeutung, je nachdem, ob sie vor- oder nachgestellt werden. Dazu zählen:

mon propre appartement meine eigene Wohnung	eigen	**un appartement propre** eine saubere Wohnung	sauber
mon cher ami mein lieber Freund	lieb	**une voiture chère** ein teures Auto	teuer
un pauvre type ein bedauernswerter Typ	bedauerns- wert	**un pays pauvre** ein armes Land	arm
mon ancienne école meine ehemalige Schule	ehemalig	**un bureau ancien** ein alter Schreibtisch	alt
un sale type ein übler Typ	übel	**des pantalons sales** schmutzige Hosen	schmutzig
une curieuse annonce eine merkwürdige Anzeige	merkwürdig	**un regard curieux** ein neugieriger Blick	neugierig
une longue journée ein langer Tag	lang (zeitl.)	**une route longue** eine lange Strecke	lang (räuml.)
un dernier moment ein letzter Moment	letzte/r/s	**le mois dernier** der vorige Monat	vorig
un nouveau journal eine neue Zeitung	neu	**un style nouveau** ein andersartiger Stil	andersartig
une rare beauté eine einzigartige Schönheit	einzigartig	**une fleur rare** eine seltene Blume	selten
un seul ami ein einziger Freund	einzig	**un homme seul** ein einsamer Mann	einsam

une vraie amie ein echte/wirkliche Freundin	wirklich, echt	**une histoire vraie** eine wahre Geschichte	wahr
un grand homme ein großer/berühmter Mann	groß, berühmt	**un homme grand** ein groß gewachsener Mann	groß gewachsen

26 Die Stellung mehrerer Adjektive

Auch wenn mehrere Adjektive verwendet werden, behalten diese in der Regel ihre Stellung bei.

une **belle** robe **bleue**
ein schönes blaues Kleid
une **jolie petite** chambre
ein hübsches kleines Schlafzimmer
une femme **charmante** et **intéressante**
eine charmante und interessante Frau

27 Adjektive und ihre Ergänzungen

Viele Adjektive können Ergänzungen bei sich haben. Diese Ergänzungen bestehen aus einem Nomen oder einem Verb und sie werden meistens mit **à** oder **de** angeschlossen.

Elle est **fière de son frère**. Sie ist stolz auf ihren Bruder.	Adjektiv + Präp. + Nomen
Elle est **fière d'avoir gagné**. Sie ist stolz darauf, gewonnen zu haben.	Adjektiv + Präp. + Verb

Diese Adjektive mit ihren Ergänzungen werden häufig im Deutschen ganz anders ausgedrückt:

Adjektiv	+ Nomen	+ Infinitiv	Übersetzung
âgé	de 40 ans	–	40 Jahre alt
amoureux	de Janine	–	verliebt in Janine
bon	avec/pour/envers ses prochains	à savoir	gut zu …
capable	de tous les records	de l'oublier	fähig zu …
comparable	à l'Allemagne	–	vergleichbar mit …
content	du résultat	d'arriver	zufrieden mit dem Ergebnis / sich freuen anzukommen
contraire	à la règle	–	gegen die Regel
étonné	de cette lettre	de te voir	erstaunt über diesen Brief /dich zu sehen
fier	de son livre	d'avoir réussi	stolz auf … / darauf, es geschafft zu haben
fort	en maths	–	gut in …
gentil	avec eux	d'y avoir pensé	nett zu … / daran gedacht zu haben
haut	de 20 mètres	–	20 Meter hoch
heureux	de la réussite	de vous voir	glücklich über den Erfolg /euch/Sie zu sehen
large	de 2 kilomètres	–	2 km breit
long	de 500 mètres	–	500 m lang
méchant	avec/envers les autres	de faire cela	böse zu …
pareil	à tous les autres	–	gleich allen anderen
plein	d'eau	–	voller / voll mit …
prêt	à tout	à servir	bereit zu …

Das Adverb

28 Einleitung

Adjektive beziehen sich auf Nomen oder Pronomen. Sie können damit Personen oder Sachen beschreiben.

Adverbien dagegen beziehen sich nicht auf Nomen oder Pronomen sondern auf:

- Eigenschaften: „Felix ist sehr sportlich." Das Adverb „sehr" bezieht sich auf das Adjektiv „sportlich".
- Tätigkeiten: „Nora redet schnell." Das Adverb „schnell" bezieht sich auf das Verb „redet".
- Zeitangaben: „Peter fehlt sehr oft." Das Adverb „sehr" bezieht sich auf das Adverb „oft".
- Sachverhalte: „Normalerweise kommen sie pünktlich." Das Adverb „normalerweise" bezieht sich hier auf den ganzen Satz.

Im Deutschen ist es manchmal schwierig, Adjektiv und Adverb zu unterscheiden: „Sie fährt langsam." (Adverb); „Sie ist langsam." (Adjektiv).

Im Französischen ist das anders: Adjektive und Adverbien haben meistens eigene Formen.

29 Ursprüngliche Adverbien

Die ursprünglichen Adverbien haben keine besondere Form, an der man sie erkennen könnte.

assez	aussi	beaucoup	bien	déjà	encore	hier	ici
ziemlich	auch	viel	gut	schon	noch	gestern	hier

parfois	plutôt	souvent	tant	tard	tôt	toujours
manchmal	eher	oft	so	spät	früh	immer

très	trop	vite	usw.
sehr	zu	schnell	

30 Abgeleitete Adverbien

Die meisten Adverbien werden von Adjektiven abgeleitet.

1. Abgeleitete Adverbien auf -ment:

Um das Adverb zu bilden hängen Sie an die feminine Singularform eines Adjektivs -ment an.

lent, lente	lentement	langsam
sérieux, sérieuse	sérieusement	ernsthaft
long, longue	longuement	lang
actif, active	activement	aktiv
régulier, régulière	régulièrement	regelmäßig

Adjektive, deren maskuline Form auf einen Vokal endet, leiten das Adverb von dieser Form ab.

rare	rarement	selten
difficile	difficilement	schwer
vrai	vraiment	wirklich
absolu	absolument	absolut

Ausnahme:

gai, gaie	gaiement	fröhlich/lustig

2. Abgeleitete Adverbien auf -amment:

Adjektive mit der Endung -ant bilden die Adverbien auf -amment.

élégant, élégante	élégamment	elegant
méchant, méchante	méchamment	boshaft
constant, constante	constamment	ständig/stets

3. Abgeleitete Adverbien auf -emment:

Adjektive mit der Endung -ent bilden die Adverbien auf -emment.

⚠ Achten Sie auf die Aussprache [-amɑ̃].

différent, différente	différemment	anders
impatient, impatiente	impatiemment	ungeduldig

4. Abgeleitete Adverbien auf **-ément**:

Einige Adverbien enden auf **-ément**.
Die müssen Sie lernen.

commode	commod**ément**	bequem
confus, confuse	confus**ément**	undeutlich
énorme	énorm**ément**	enorm
précis, précise	précis**ément**	genau
profond, profonde	profond**ément**	tief

5. Unregelmäßige Adverbien:

gentil, gentille	**gentiment**	nett
bon, bonne	**bien**	gut
mauvais, mauvaise	**mal**	schlecht
meilleur, meilleure	**mieux**	besser

31 Adjektive ohne ableitbares Adverb

Sie können nicht von jedem Adjektiv ein Adverb auf **-ment** ableiten. Zu den Adjektiven, die keine Adverbien ableiten können, zählen:

- Farbadjektive,
- eine Reihe weiterer Adjektive, z. B.: **célèbre, fatigant, fatigué, jeune, moderne, neuf, nombreux, vieux** – berühmt, ermüdend, müde, jung, modern, neu, zahlreich, alt.

Für fehlende Adverbien können Sie in manchen Fällen Umschreibungen verwenden, z. B.:

de façon	+ Adjektiv	Elle m'a persuadé **de façon charmante**. Sie hat mich auf charmante Weise überzeugt.
de manière	+ Adjektiv	Il se comporte **de manière étrange**. Er benimmt sich seltsam.
d'un air	+ Adjektiv	Elle me regarde **d'un air étonné**. Sie sieht mich erstaunt an.
en	+ Adjektiv	Elle voit la vie **en rose**. Sie sieht alles rosarot.

32 Der Vergleich

Wenn Sie Handlungen oder Tätigkeiten miteinander vergleichen wollen, können Sie Adverbien steigern.

Lola rennt schneller als Paul.	Die erste Vergleichsstufe nennt man Komparativ.
Nadine läuft am schnellsten.	Die höchste Stufe des Vergleichs nennt man Superlativ.

1 Der Komparativ

Die Adverbien steigern Sie genauso wie die Adjektive (► Nr. 22). Sie stellen **plus/aussi/moins** vor das Adverb. Das Vergleichswort (im Deutschen „wie" oder „als") ist immer **que**.

Komparativ:	plus aussi moins	+ Adverb + que

Paul   Valerie   Laurent   Luc

Luc court	**plus vite que**	les autres.	… schneller als …
Luc läuft schneller als die anderen.			
Laurent court	**aussi vite que**	Valérie.	… so schnell wie …
Laurent läuft genauso schnell wie Valérie.			
Paul court	**moins vite que**	les autres.	… langsamer als …
Paul läuft langsamer als die anderen.			

Einige Adverbien haben unregelmäßige Komparativformen: **beaucoup, peu, bien** und **mal** – viel, wenig, gut und schlecht. (► Nr. 32.3)

Den französischen Komparativ der Unterlegenheit (moins + Adverb) übersetzen Sie in unterschiedlicher Weise ins Deutsche:

Il parle **moins fort** que les autres. Er spricht leiser als die anderen.	… leiser …
Elle s'habille **moins élégamment** que les autres. Sie kleidet sich weniger elegant als die anderen.	… weniger elegant …
Il roule **moins vite** que les autres. Er fährt langsamer als die anderen.	… langsamer …

2 Der Superlativ

Der Superlativ ist die höchste Steigerungsform.

Im Französischen können Sie den Superlativ in zwei Richtungen bilden:
le plus + Adverb / le moins + Adverb

Elle court **le plus vite** (de tous). Sie läuft am schnellsten (von allen).	… am schnellsten (von allen).
Il court **le moins vite** (de tous). Er läuft am langsamsten (von allen).	… am langsamsten (von allen).

3 Adverbien mit unregelmäßigen Steigerungsformen

beaucoup	viel	**plus**	mehr	**le plus**	am meisten
peu	wenig	**moins**	weniger	**le moins**	am wenigsten
bien	gut	**mieux**	besser	**le mieux**	am besten
mal	schlecht	plus mal	schlechter	le plus mal	am schlechtesten
	schlimm	**pis**	schlimmer	**le pis**	am schlimmsten

33 Die Stellung der Adverbien

Adverbien können sich beziehen auf:

Max joue au foot.
Max spielt Fußball.

Il joue **souvent** Er spielt oft	ein Verb (jouer),
et il joue **très** bien. und er spielt sehr gut.	ein Adverb (bien),

Normalement, il joue trois fois par semaine Normalerweise spielt er dreimal pro Woche	einen ganzen Satz (il joue trois fois par semaine),
et son équipe est **assez** célèbre. und seine Mannschaft ist ziemlich bekannt.	ein Adjektiv (célèbre).

Die Stellung der Adverbien hängt von verschiedenen Faktoren ab: vom Bezugswort oder von der Bedeutung des Adverbs. Aber auch die Informationsabfolge, die der Sprecher wählen will, ist für die Adverbien bedeutsam.

1 Die Stellung des Adverbs bei Adjektiv und Adverb

Adverbien stehen vor den Adjektiven, auf die sie sich beziehen (hier: difficile, grave, intéressant).

une question **assez** difficile	eine ziemlich schwierige Frage
un problème **vraiment** grave	ein wirklich ernstes Problem
un film **peu** intéressant	ein wenig interessanter Film

Adverbien, die sich auf andere Adverbien beziehen, stehen immer vor diesen Adverbien (hier: trop, vite, lentement).

Ils discutent trop. Sie diskutieren zu viel.	Ils discutent **beaucoup** trop. Sie diskutieren viel zu viel.
Elle parle vite. Sie spricht schnell.	Elle parle **très** vite. Sie spricht sehr schnell.
Il mange lentement. Er isst langsam.	Il mange **toujours** lentement. Er isst immer langsam.

2 Die Stellung der Adverbien beim Verb

Bei einfachen Zeiten (Präsens, *imparfait*) steht das Adverb hinter dem Verb, auf das es sich bezieht.

Elle parle **bien** français.	Sie spricht gut Französisch.
Il allait **souvent** en France.	Er fuhr oft nach Frankreich.

Bei den zusammengesetzten Zeiten stehen die meisten Adverbien zwischen Hilfsverb und Partizip bzw. Infinitiv.

Il a **bien** dormi.	Er hat gut geschlafen.
Elle m'a **souvent** écrit.	Sie hat mir oft geschrieben.
Je vais **bientôt** partir.	Ich werde bald fortgehen.

Längere Adverbien können auch hinter dem Partizip oder dem Infinitiv stehen.

Elle m'a **rarement** appelé.	Sie hat mich selten angerufen.
Oder: Elle m'a appelé **rarement**.	
Elle va venir **régulièrement**.	Sie wird regelmäßig kommen.

34 Der Gebrauch einiger Adverbien

1. très und beaucoup

très und beaucoup können beide dem deutschen „sehr“ entsprechen.

très steht vor:

Elle est **très** grande. Sie ist sehr groß.	Adjektiven (grande),
Elle écrit **très** bien. Sie schreibt sehr gut.	Adverbien (bien),
Ils ont **très** faim. Sie haben großen Hunger.	Nomen in Ausdrücken mit avoir + Nomen (avoir faim/soif/ envie/mal/peur).

beaucoup steht:

Elle aime **beaucoup** la musique classique. Sie mag klassische Musik sehr.	nach Verben (aimer, plaire)
Ce CD me plaît **beaucoup**. Diese CD gefällt mir sehr.	
Elle travaille **beaucoup** plus qu'avant. Sie arbeitet viel mehr als früher.	vor den Adverbien plus, mieux, moins und trop.
Ce CD me plaît **beaucoup** moins. Diese CD gefällt mir viel weniger.	

⚠ très kann nie vor beaucoup stehen. „sehr viel“ müssen Sie mit énormément übersetzen.

Elle lit **énormément**.
Sie liest sehr viel.

2. aussi und autant

aussi steht vor:

Elle est **aussi** grande que lui. Sie ist so groß wie er.	Adjektiven (grande),
Il parle **aussi** couramment français qu'elle. Er spricht so fließend Französisch wie sie.	Adverbien (couramment).

autant steht nach:

Il parle **autant** qu'elle. Er spricht so viel wie sie.	Verben (parler, lire).
Elle lit **autant** que moi. Sie liest so viel wie ich.	

35 Adjektive als Adverbien

Einige Adjektive bilden zusammen mit Verben feste Wendungen. Diese Adjektive werden dann wie ein Adverb behandelt: Sie sind unveränderlich und stehen hinter dem Verb.

Hier eine Liste von häufig gebrauchten Wendungen:

aller **tout droit**	geradeaus gehen
chanter **juste/faux**	richtig/falsch singen
coûter **cher**	viel kosten
jouer **faux**	falsch spielen
parler **français/allemand**	französisch/deutsch sprechen
parler **fort/bas**	laut/leise sprechen
payer **cher**	teuer bezahlen
penser **juste**	richtig denken
peser **lourd**	schwer sein/wiegen
sentir **bon/mauvais**	gut/schlecht riechen
tenir **bon**	durchhalten
travailler **dur**	schwer arbeiten
voir **clair/double**	klar/doppelt sehen

36 Adverbien als Adjektive

Einige Adverbien (**bien, pas mal, mieux**) können Sie auch in der Funktion von Adjektiven verwenden.
Diese Adverbien bleiben auch in dieser Funktion immer unveränderlich.

Ce film n'est **pas mal.**	Dieser Film ist nicht schlecht.
Cette chanson est **bien.**	Dieses Lied ist gut.
C'est **mieux.**	Das ist besser.
un type **bien**	ein netter Typ
un endroit **pas mal**	kein schlechter Ort

37 Die Übersetzung deutscher Adverbien

Die deutsche Sprache kennt mehr Adverbien als die französische Sprache. Deshalb gibt es für ein deutsches Adverb nicht immer ein französisches Adverb. In den folgenden Fällen entspricht dem deutschen Adverb ein französisches Verb:

Ich höre **gerne** Musik.	**J'aime** écouter de la musique.
Sie tanzt **lieber.**	Elle **préfère** danser. / Elle **aime mieux** danser.
Er macht **gerade** Hausaufgaben.	Il **est en train de** faire ses devoirs. (► NR. 66)
Sie hat **gerade** gegessen.	Elle **vient de** manger. (► NR. 67)
Sie arbeiten **weiter.**	Ils **continuent** à/de travailler.
Hoffentlich kommt er morgen.	**J'espère** qu'il viendra demain.
Letztendlich hat sie es selbst gemacht.	Elle **a fini par** le faire elle-même.

In den folgenden Fällen entspricht dem deutschen Adverb eine französische Präposition mit Nomen:

Sie lernt **mühelos.**	Elle apprend **sans peine.**
Wir arbeiten **höchstens** 7 Stunden.	Nous travaillons 7 heures **au maximum.**
Sie arbeiten **mindestens** 8 Stunden.	Ils travaillent 8 heures **au minimum.**

Die Pronomen

38 Einleitung

Pronomen – man sagt auch Fürwörter – sind Stellvertreter. Sie stehen für ein Nomen mit seinen Begleitern und Erweiterungen.

Außer dem Verb kann jedes dieser Satzteile durch ein Pronomen ersetzt werden.

Subjekt	Verb	direktes Objekt	indirektes Objekt	Ortsbestimmung
Julie Julie	achète kauft	le journal die Zeitung	pour son mari für ihren Mann	au supermarché. im Supermarkt.

Julie	elle	**Elle** achète le journal pour son mari au supermarché.
le journal	le/l'	Julie **l'**achète pour son mari au supermarché.
pour son mari	lui	Julie **lui** achète le journal au supermarché.
au supermarché	y	Julie **y** achète le journal pour son mari.

Im Französischen gibt es:

die Subjektpronomen	je, tu, il, elle, on, nous, vous, ils, elles
die unverbundenen Personalpronomen	moi, toi, lui, elle, nous, vous, eux, elles
die direkten Objektpronomen	me, te, le, la, nous, vous, les
die indirekten Objektpronomen	me, te, lui, nous, vous, leur
die Pronomen	en und y
die Reflexivpronomen	me, te, se, nous, vous, se
die neutralen Pronomen	ça, cela, ceci ...
die Relativpronomen	qui, que, dont, où ...
die Fragepronomen	qui?, que?, quoi?
die Demonstrativpronomen	celui, celle, ceux, celles
die Possessivpronomen	le mien, le tien ...
die unbestimmten Pronomen	tout, quelque chose, chacun ...

39 Die Subjektpronomen

Die Subjektpronomen **je, tu, il, elle, on, nous, vous, ils, elles** werden genau wie im Deutschen gebraucht.

Vor einem Vokal oder vor stummem **h** müssen Sie **je** zu **j'** apostrophieren und in der Aussprache das **-s** der Subjektpronomen **nous, vous, ils, elles** mit dem folgenden Verb binden.

Je suis de Paris.	Ich bin aus Paris.
J'ai 30 ans.	Ich bin 30 Jahre alt.
Tu es française?	Bist du Französin?
Il/Elle/On est de Lyon.	Er/Sie ist / Wir sind aus Lyon.
Nous sommes de Lyon.	Wir sind aus Lyon.
Vous‿êtes de Marseille?	Seid ihr/Sind Sie aus Marseille?
Ils/Elles sont de Paris.	Sie sind aus Paris.

Unpersönliche Verben haben das Pronomen **il**. In diesem Fall entspricht **il** dem deutschen „es".

Il pleut.	Es regnet.
Il s'agit d'une question importante.	Es handelt sich um eine wichtige Frage.

Im gesprochenen Französisch wird **on** häufig in der Bedeutung von **nous** verwendet. Ob **on** „wir" oder „man" bedeutet, erkennen Sie nur aus dem Gesprächszusammenhang.

Cet été, **on** va aller en France.	Diesen Sommer werden wir nach Frankreich fahren.
C'est un restaurant où **on** mange très bien.	Das ist ein Restaurant, in dem man sehr gut isst.

vous ist zugleich das Personalpronomen für die Höflichkeitsform im Singular und im Plural (Sie) und für die 2. Person Plural (ihr).

Vous êtes satisfaite, Madame?	Sind Sie zufrieden, Madame?
Vous êtes M. et Mme Delveau?	Sind Sie Herr und Frau Delveau?
Vous êtes Stéphanie et Christophe?	Seid ihr Stéphanie und Christophe?

Im Unterschied zum Deutschen gibt es im Französischen eine maskuline und eine feminine Form für die 3. Person Plural (sie).

Voilà **Fabien** et **Pierre**. **Ils** sont étudiants.	Das sind Fabien und Pierre. Sie sind Studenten.
Voilà **Nicole** et **Julia**. **Elles** sont stagiaires.	Das sind Nicole und Julia. Sie sind Praktikantinnen.
Voilà **Stéphanie** et **Christophe**. **Ils** sont de Paris.	Das sind Stéphanie und Christophe. Sie sind aus Paris.

In Aussagesätzen steht das Subjektpronomen vor dem konjugierten Verb.

Ausnahmen:

Entrez, **dit-elle**. Kommt/Kommen Sie herein, sagt sie.	hinter der direkten Rede,
Êtes-vous d'accord? Sind Sie einverstanden?	in der Inversionsfrage (► Nr. 93.3),
Peut-être **voulait-il** venir. Vielleicht wollte er kommen.	wenn Sie einen Satz mit **peut-être**, **sans doute** oder **ainsi** beginnen.

Ein nachgestelltes Subjektpronomen wird mit dem Verb durch einen Bindestrich verbunden.

M. Bertrand, **a-t-il** appelé? Hat Herr Bertrand angerufen?	Endet das Verb auf einen Vokal, schieben Sie zwischen Verb und dem Pronomen der 3. Person Singular noch ein -t- ein. Damit lässt sich der Satz besser aussprechen.

40 Die unverbundenen Personalpronomen

Nur die unverbundenen Personalpronomen **moi, toi, lui, eux** unterscheiden sich von den verbundenen Formen der Subjektpronomen. Die anderen Formen sind gleich.

Singular		Plural	
moi	(ich)	nous	(wir)
toi	(du)	vous	(ihr/Sie)
lui, elle	(er, sie)	eux, elles	(sie)

Im Französischen verwenden Sie die unverbundenen Personalpronomen:

in Sätzen ohne Verb,

- • Qui peut m'aider?
  Wer kann mir helfen?
- – **Moi**.
  Ich.

nach Präpositionen, z.B.: **sans, pour, avec** usw.,

Pour **lui**, ce n'est pas un problème.
Für ihn ist das kein Problem.

nach **c'est**

- • C'est Mme Charvet sur la photo?
  Ist das Frau Charvet auf dem Foto?
- – Oui, c'est **elle**.
  Ja, das ist sie.

und **ce sont**,

- • Ce sont M. et Mme Charvet sur la photo?
  Sind das Herr und Frau Charvet auf dem Foto?
- – Oui, ce sont **eux**.
  Ja, das sind sie.

in Vergleichssätzen und nach **ne ... que**,

Mme Bertrand travaille plus vite que **lui**.
Frau Bertrand arbeitet schneller als er.
Il n'y a que **lui** qui travaille plus vite que **moi**.
Nur er arbeitet schneller als ich.

zur Hervorhebung: in diesem Fall verstärkt das unverbundene Personalpronomen ein Subjekt (**moi, je; nous, on**) oder

Moi, je voudrais un thé.
Ich hätte gerne einen Tee.
Nous, on va partir en vacances.
Wir werden in die Ferien fahren.

***Ich** male liebend gern.* ***Ich** finde das doof.*

ein direktes Objekt (eux, les; elle, l'),

- Tu as vu les enfants?
  Hast du die Kinder gesehen?
- Eux, je les ai vus hier.
  Ich habe sie gestern gesehen.

Mais Isabelle, elle, je ne l'ai pas vue depuis un mois.
Aber Isabelle, sie habe ich seit einem Monat nicht gesehen.

nach der Präposition à zum Ausdruck der Zugehörigkeit.

- Ce stylo est à toi?
  Gehört der Kuli dir?
- Oui, il est à moi.
  Ja, er gehört mir.

Die unverbundenen Personalpronomen können durch **même** verstärkt werden. **même** ist im Plural veränderlich.

Tu as fait ça toi-même?	Hast du das selbst (allein) getan?
Elles viennent elles-mêmes.	Sie kommen selbst.

41 Die Objektpronomen

Die Objektpronomen können Sie verwenden, um Objekte zu ersetzen. Sie können damit auf Personen oder Sachen verweisen, von denen schon einmal die Rede war und somit Wiederholungen vermeiden.

- Hast du Jürgen gesehen? – Ja, ich habe ihn gesehen.
- Hast du Heike geholfen? – Ja, ich habe ihr geholfen.

(Direkte und indirekte Objekte ► NR. 90.1-2)

1 Die direkten Objektpronomen

Ein direktes Objekt können Sie durch ein Pronomen ersetzen. Die Pronomen, die Sie dafür verwenden, heißen direkte Objektpronomen.

Luc versteht mich nicht.	Luc ne	me	comprend pas.	mich
Jacques ruft mich dreimal am Tag an.	Jacques	m'	appelle trois fois par jour.	mich
Louis sucht dich.	Louis	te	cherche.	dich
Er lädt dich ein.	Il	t'	invite.	dich
• Vous connaissez le directeur? Kennen Sie den Direktor? Ja, ich kenne ihn.	– Oui, je	le	connais.	ihn
• Tu cherches ton livre? Suchst du dein Buch? Nein, ich habe es gefunden.	– Non, je	l'	ai trouvé.	es
• Tu connais sa femme? Kennst du seine Frau? Ja, ich kenne sie.	– Oui, je	la	connais.	sie
• Ce CD me plaît beaucoup. Diese CD gefällt mir sehr. Ich werde sie kaufen.	– Je vais	l'	acheter.	sie
Pierre ruft uns jeden Tag an.	Pierre	nous	appelle tous les jours.	uns
Ich rufe euch/Sie morgen an.	Je	vous	appelle demain.	euch
• Voilà David et Georges. Das sind David und Georges. Kennst du sie?	– Tu	les	connais?	sie
• Voilà Catherine et Michelle. Das sind Catherine und Michelle. Kennt ihr/Kennen Sie sie?	– Vous	les	connaissez?	sie

Vor Vokal oder stummem **h** werden **me, te, le/la** zu **m', t', l'** apostrophiert.

le oder **l'** steht für ein maskulines direktes Objekt in der 3. Person Singular.

la oder **l'** steht für ein feminines direktes Objekt in der 3. Person Singular.

les steht für ein maskulines oder feminines direktes Objekt in der 3. Person Plural.

(Stellung der direkten Objektpronomen im Satz ► Nr. 45)

2 Die indirekten Objektpronomen

Vor Vokal und stummem **h** werden **me** und **te** zu **m'** und **t'** apostrophiert.
Für die 3. Person Singular (im Deutschen „ihm/ihr") gibt es im Französischen nur eine Form: **lui**.

Ich habe mir eine Hi-Fi-Anlage gekauft.	Je	me	suis acheté une chaîne hifi.	mir
Meine Kinder haben mir ein Handy gekauft.	Mes enfants	m'	ont acheté un portable.	mir
Ich zeige dir die Pläne,	Je	te	montre les plans,	dir
und ich erkläre dir alles.	et je	t'	explique tout.	dir
Die Kollegen von Sylvie schenken ihr ein Poster.	Les collègues de Sylvie	lui	offrent un poster.	ihr
Die Großmutter von Leo kauft ihm oft Bonbons.	La grand-mère de Leo	lui	achète sourent des bonbons.	ihm
Unsere Freunde schreiben uns oft.	Nos copains	nous	écrivent souvent.	uns
Haben euch/Ihnen eure/Ihre Freunde ihre Wohnung überlassen?	Vos amis	vous	ont prêté leur appartement?	euch
Ihr Großvater gibt ihnen Geld für die Ferien.	Leur grand-père	leur	donne de l'argent pour les vacances.	ihnen

(Stellung der indirekten Objektpronomen im Satz ► Nr. 45)

42 Das Pronomen *en*

Das Pronomen **en** vertritt Ergänzungen, die mit **de** eingeleitet werden. Das können sein:

- Tu as encore **du lait**?
  Hast du noch Milch?
- Oui, j'**en** ai encore.
  Ja, habe ich.

unbestimmte Mengen, die mit dem Teilungsartikel angegeben werden;

- À quelle heure est-ce qu'elle sort **de la piscine**?
  Wann verlässt sie das Schwimmbad?
- Elle **en** sort à 17 heures.
  Sie verlässt es um 17 Uhr.

Ortsangaben, die mit **de** eingeleitet werden;

- Tu as besoin **de ta voiture**?
  Brauchst du dein Auto?
- Non, je n'**en** ai pas besoin.
  Nein, ich brauche es nicht.

Sachobjekte, vor denen **de** steht.

- Il a parlé **de Charlotte**?
  Hat er von Charlotte gesprochen?
- Oui, il **en** a parlé.
  Ja, hat er.

Nur im gesprochenen Französisch wird **en** auch für Personen verwendet.

Da das Pronomen **en** nur für eine unbestimmte Menge steht, wird es häufig ergänzt:

- Tu as acheté **des pommes**?
  Hast du Äpfel gekauft?
- Oui, j'**en** ai acheté **5 kilos**.
  Ja, ich habe 5 Kilo gekauft.

mit Zahlwörtern und anderen Mengenausdrücken.

- Est-ce que vous prenez **du sucre**?
  Nehmt ihr/Nehmen Sie Zucker?
- J'**en** prends **un peu**.
  Ich nehme ein bisschen.

- Vous avez **des pommes**?
  Habt ihr/Haben Sie Äpfel?
- Oui, on **en** a **de très belles**.
  Ja, wir haben sehr schöne.

Sie können **en** aber auch in Verbindung mit Adjektiven (belles) verwenden.

43 Das Pronomen *y*

y vertritt Ortsangaben, die mit à, dans, devant, derrière, chez, sur, sous, jusqu'à eingeleitet werden.

• On va **au cinéma**?	Gehen wir ins Kino?	... dorthin ...
– D'accord, on **y** va.	Einverstanden, wir gehen (dorthin).	
• Vous m'attendez **devant la gare**?	Warten Sie am Bahnhof auf mich?	... dort ...
– Oui, je vous **y** attends.	Ja, ich warte dort auf Sie.	

*Du willst zu deiner Mutter? Dann geh (dorthin)!

y kann auch indirekte Sachobjekte vertreten. Es steht nicht für Personen.

• Tu as pensé **au cadeau d'Hélène**?	Hast du an Helenes Geschenk gedacht?	... daran ...
– Oui, j'**y** ai pensé.	Ja, ich habe daran gedacht.	
• Tu as réfléchi **à ma proposition**?	Hast du über meinen Vorschlag nachgedacht?	... darüber ...
– Oui, j'**y** ai réfléchi.	Ja, ich habe darüber nachgedacht.	

y wird unterschiedlich ins Deutsche übersetzt.

44 Die Reflexivpronomen

1 Formen der Reflexivpronomen

Reflexive Verben gibt es auch im Deutschen: sich anziehen – s'habiller. Reflexive Verben werden stets von einem Objektpronomen begleitet, das in der selben Person steht wie das Subjekt und Reflexivpronomen genannt wird: **Ich** ziehe **mich** an. **Je m'**habille.

Die Reflexivpronomen unterscheiden sich nur in der 3. Person (Singular und Plural) von den direkten Objektpronomen.
me, te, se werden vor Vokal und stummem **h** zu **m', t', s'** verkürzt.

Je	me	promène.	Ich gehe spazieren.
Tu	te	promènes avec moi?	Gehst du mit mir spazieren?
Il	s'	habille.	Er zieht sich an.
Elle	se	moque de lui.	Sie macht sich lustig über ihn.
Nous	nous	baignons.	Wir baden.
Vous	vous	amusez bien?	Amüsiert ihr euch/ Amüsieren Sie sich gut?
Ils	se	promènent.	Sie gehen spazieren.

Nicht jedes Verb, das im Französischen reflexiv ist, ist es im Deutschen auch – und umgekehrt.

⚠ **s'appeler** heißen — sich bewegen **bouger**
se promener spazierengehen — sich verändern **changer**

2 Die Stellung der Reflexivpronomen

Das Reflexivpronomen steht:

elle se promène
sie geht spazieren
elle se promenait
sie ging spazieren
en se promenant
spazieren gehend/beim Spazierengehen

bei einfachen Zeiten und dem *gérondif* vor dem Verb,

il va se promener
er wird spazieren gehen
il vient de se lever
er ist gerade aufgestanden
il est en train de se lever
er steht gerade auf

im *futur composé*, *passé récent* und *présent duratif* vor dem Infinitiv,

elle **s'est** promenée sie ist spazieren gegangen	bei allen anderen zusammengesetzten Zeiten vor dem Hilfsverb,
Préparez-**vous**. Bereitet euch/Bereiten Sie sich vor. Promène-**toi**. Geh spazieren.	beim bejahten Imperativ mit Bindestrich hinter dem Verb (beim bejahten Imperativ wird **te** zu **toi**),
Ne **te** promène pas. Geh nicht spazieren.	beim verneinten Imperativ vor dem Verb.
Te souviens-tu de ce soir? Erinnerst du dich an diesen Abend?	In der Inversion tritt nur das Subjektpronomen (hier: **tu**) hinter das Verb. Das Reflexivpronomen behält seine Stellung vor dem Verb bei.

45 Die Stellung von Pronomen im Satz

1 Die Stellung der Objektpronomen und der Pronomen *en* und *y* im Satz

Die Objektpronomen stehen:

Mes clés? Je **les** cherche mais je ne **les** trouve pas. Meine Schlüssel? Ich suche sie, aber ich finde sie nicht.	in den einfachen Zeiten (z.B. Präsens, *imparfait*, *futur simple*) vor dem konjugierten Verb und innerhalb der Verneinungsklammer,
Leur fille **leur** téléphone mais elle ne **leur** écrit jamais. Ihre Tochter ruft sie an, aber sie schreibt ihnen nie.	
J'**y** vais ou je n'**y** vais pas? Gehe ich hin oder gehe ich nicht hin?	
Elle **se** baigne souvent dans la mer mais elle ne **se** baigne jamais dans la piscine. Sie badet oft im Meer, aber sie badet nie im Schwimmbad.	

Les clés? Il **les** a cherchées mais il ne **les** a pas trouvées.
Die Schlüssel? Er hat sie gesucht, aber er hat sie nicht gefunden.

Je **leur** ai téléphoné hier mais je ne **leur** ai toujours pas écrit.
Ich habe sie gestern angerufen, aber habe ihnen immer noch nicht geschrieben.

J'**en** ai rêvé mais je n'**en** ai jamais parlé à personne.
Ich habe davon geträumt, aber ich habe niemals jemandem davon erzählt.

Elle **s'**est baignée dans la mer mais elle ne **s'**est pas encore baignée dans la piscine.
Sie hat im Meer gebadet, aber sie hat noch nicht im Schwimmbad gebadet.

in den zusammengesetzten Zeiten (z.B. *passé composé*, Plusquamperfekt) vor dem Hilfsverb und innerhalb der Verneinungsklammer,

Il va **les** chercher mais il ne va pas **les** trouver.
Er wird sie suchen, aber er wird sie nicht finden.

Je vais **leur** écrire mais je ne vais pas **leur** téléphoner.
Ich werde ihnen schreiben, aber ich werde sie nicht anrufen.

Je vais **y** réfléchir mais je ne veux pas **en** parler.
Ich werde darüber nachdenken, aber ich will nicht davon sprechen.

Elle veut **se** promener à la plage mais elle ne veut pas **se** baigner.
Sie will am Strand spazieren gehen, aber sie möchte nicht baden.

im *futur composé* und bei Modalverben vor dem Infinitiv, zu dem sie gehören, und außerhalb der Verneinungsklammer.

Im bejahten Imperativsatz steht das Objektpronomen hinter dem Verb und wird mit Bindestrich an das Verb angeschlossen.

Im bejahten Imperativsatz werden **me** und **te** zu **moi** und **toi**.

Im verneinten Imperativsatz steht das Objektpronomen vor dem Verb und innerhalb der Verneinungsklammer.

Regarde-moi.
Sieh mich an.

Ne me regarde pas.
Sieh mich nicht an.

Regarde-toi. Sieh dich an.	**Ne te regarde pas.** Sieh dich nicht an.
Regarde-le. Sieh ihn an.	**Ne le regarde pas.** Sieh ihn nicht an.
Raconte-nous tout. Erzähl uns alles.	**Ne nous raconte pas tout.** Erzähl uns nicht alles.
Montre-leur tout. Zeig ihnen alles.	**Ne leur montre pas tout.** Zeig ihnen nicht alles.

Bei Verben, die eine Infinitivergänzung haben, steht das Objektpronomen immer vor dem Verb, zu dem es sinngemäß gehört.

Je félicite Sophie d'avoir gagné le concours.
Ich gratuliere Sophie zur bestandenen Aufnahmeprüfung.

Je la félicite d'avoir gagné le concours.
Ich gratuliere ihr zur bestandenen Aufnahmeprüfung.

Il m'a aidé à retrouver ma clé.
Er hat mir geholfen, meinen Schlüssel wieder zu finden.

Il m'a aidé à la retrouver.
Er hat mir geholfen, ihn wieder zu finden.

2 Die Stellung von zwei Objektpronomen im Satz

In einem Satz können auch zwei Objekte durch Pronomen ersetzt werden: „Ich schenke es ihm."
Für die Reihenfolge der Pronomen gibt es im Französischen – wie im Deutschen – feste Stellungsregeln.

Die indirekten Objektpronomen **me, te, se, nous, vous** stehen immer vor den direkten Objektpronomen **le, la, les**.

	ind. Obj.		dir. Obj.		
Il	**me** **te** **nous** **vous**	(mir) (dir) (uns) (euch/Ihnen)	**le** **la** **les**	(ihn/es) (sie) (sie)	montre.
Ne	**me**	(mir)	**le**	(ihn/es)	montre pas.

Die indirekten Objektpronomen **lui** und **leur** stehen immer hinter **le, la, les**.

	dir. Obj.		ind. Obj.		
Il	**le** **la** **les**	(ihn/es) (sie) (sie)	**lui** **leur**	(ihm/ihr) (ihnen)	montre.
Ne	**le**	(ihn/es)	**lui**	(ihm/ihr)	montre pas.

Die Pronomen **y** und **en** stehen immer direkt vor dem Verb, also hinter allen anderen Pronomen. **en** steht immer an letzter Stelle.

Je	**les**	**y**	rencontre.	Ich treffe sie dort.
Il	**les**	**y**	emmène.	Er bringt sie dorthin.
Elle	**t'**	**en**	donnera.	Sie gibt dir davon etwas.
Je ne	**vous**	**en**	parlerai plus.	Ich erzähle euch/Ihnen nicht mehr davon.
Il	**y**	**en**	a beaucoup.	Es gibt davon viel.

⚠

me te se nous vous	stehen vor	le la les	Aber:	le la les	stehen vor	lui leur

Hinter dem bejahten Imperativ stehen zuerst die direkten Objektpronomen **le**, **la**, **les**. Die indirekten Objektpronomen **me** und **te** werden zu **moi** und **toi**.

Montre-**le-moi**.	Zeig es mir.
Donne-**la-leur**.	Gib sie ihnen.
Prête-**les-nous**.	Leih sie uns.

46 Die neutralen Pronomen

Neutrale Pronomen beziehen sich nicht auf Personen oder Gegenstände, sondern auf Sachverhalte.

Das gefällt mir nicht. **Es** ist gut so.

Im Französischen gibt es die neutralen Pronomen **il**, **ce**, **cela**, **ceci**, **ça**, **le** und **soi**.

Il pleut. **Il** est deux heures. **C'**est vrai. **C'**est impossible.	**Es** regnet. **Es** ist zwei Uhr. **Das** ist wahr. **Das** ist unmöglich.	Die neutralen Pronomen **il** und **ce** sind immer Subjekt des Satzes.
Cela/Ça t'étonne? Tu as vu **ça**?	Erstaunt dich **das**? Hast du **das** gesehen?	Die neutralen Pronomen **cela** und **ça** können Subjekt und Objekt eines Satzes sein.
Cela me plaît, **ceci** non.	**Das** gefällt mir, **dies** nicht.	**ceci** dient der Gegenüberstellung.
• Céline est malade. – Je **le** sais.	Céline ist krank. Ich weiß **es**.	**le** steht für einen ganzen Satz. Es entspricht dem deutschen „es" und ist immer direktes Objekt.
Chacun pour **soi**. On pense toujours à **soi** d'abord. Être seul avec **soi**. Avoir de la monnaie sur **soi**. Prendre sur **soi**.	Jeder für **sich**. Man denkt immer zuerst an **sich**. Mit **sich** allein sein. Kleingeld bei **sich** haben. Auf **sich** nehmen.	**soi** bezieht sich auf ein unbestimmtes Subjekt im Singular (**on**, **chacun**, usw.).

47 Die Relativpronomen

Relativpronomen stehen für Personen oder Sachen und können Sätze miteinander verbinden.

J'ai regardé un film.
Il était très intéressant.
Ich habe einen Film gesehen.
Er war sehr interessant.

J'ai regardé un film qui était très intéressant.
Ich habe einen Film gesehen, der sehr interessant war.

** Ich habe einen Freund, der eine Freundin hat, die ich gut kenne, dessen Sohn in einem Büro arbeitet, in dem ich vor zwei Jahren gearbeitet habe …*

1. qui und que

Das Relativpronomen **qui** ist Subjekt des Relativsatzes. Nach dem Subjekt fragen Sie mit „wer?" oder „was?". Auf **qui** folgt meist das Verb des Relativsatzes. **qui** ist unveränderlich.

Manuel est un jeune homme de 21 ans. Il travaille dans un hôtel.
Manuel ist ein junger Mann von 21 Jahren. Er arbeitet in einem Hotel.
Manuel est un jeune homme de 21 ans qui travaille dans un hôtel.
Manuel ist ein junger Mann von 21 Jahren, der in einem Hotel arbeitet.

Il travaille dans un hôtel. Cet hôtel est à Paris.
Er arbeitet in einem Hotel. Dieses Hotel ist in Paris.
Il travaille dans un hôtel qui est à Paris.
Er arbeitet in einem Hotel, das in Paris ist.

Das Relativpronomen **que** ist direktes Objekt des Relativsatzes. Nach dem Objekt fragen Sie mit „wen?" oder „was?". Auf **que** folgt immer das Subjekt des Relativsatzes. Auch **que** ist unveränderlich.

Paris est une ville intéressante. Beaucoup de touristes visitent cette ville.
Paris ist eine interessante Stadt. Viele Touristen besuchen diese Stadt.
Paris est une ville intéressante que beaucoup de touristes visitent.
Paris ist eine interessante Stadt, die viele Touristen besuchen.

Voilà un livre amusant. Vous ne connaissez pas encore ce livre.
Hier ist ein lustiges Buch. Sie kennen dieses Buch noch nicht.
Voilà un livre amusant que vous ne connaissez pas encore.
Hier ist ein lustiges Buch, das Sie noch nicht kennen.

Wenn **qui** für eine Person steht, können Sie es auch mit Präpositionen (z. B. **à, avec, de** usw.) verwenden.

Le monsieur à qui j'ai parlé au téléphone ...
Der Herr, mit dem ich am Telefon gesprochen habe…
Le garçon avec qui j'ai dansé ...
Der Junge, mit dem ich getanzt habe...

2. où

où folgt immer auf das Nomen, auf das es sich bezieht. **où** kann für Orts- oder Zeitangaben stehen.

Le bureau où je travaille se trouve près de la gare.
Das Büro, wo ich arbeite, befindet sich in der Nähe des Bahnhofs.
L'année où j'ai commencé à travailler ...
Das Jahr, in dem ich angefangen habe zu arbeiten …

où ist unveränderlich. Sie können es aber mit den Präpositionen **de, par** und **jusque** kombinieren.

Le pays d'où il vient.
Das Land, aus dem er kommt.
L'endroit jusqu'où il m'a accompagné ...
Der Ort, bis wohin er mich begleitet hat …
Les villes par où il est passé ...
Die Städte, durch die er gekommen ist …

où (wo) ist wie im Deutschen gleichzeitig Relativ- und Fragepronomen.
où wo / **ou** oder

Die beiden unterscheiden sich nur durch den **accent grave** auf **où** (wo), was Sie sich gut mit einem kleinen Sprüchlein merken können: „Auf der Oder schwimmt kein Graf".

3. dont

Das Relativpronomen **dont** können Sie für Personen und Sachen verwenden. **dont** ist unveränderlich.

Je t'ai parlé d'un village. Il est très joli.
Ich habe dir von einem Dorf erzählt. Es ist sehr schön.

Le village **dont** je t'ai parlé est très joli.
Das Dorf, **von dem** ich dir erzählt habe, ist sehr schön.

Le fils de M. Lacombe fait ses études ici. M. Lacombe va venir.
Der Sohn von Herrn Lacombe studiert hier. Herr Lacombe wird kommen.

M. Lacombe, **dont** le fils fait ses études ici, va venir.
Herr Lacombe, **dessen** Sohn hier studiert, wird kommen.

M. Bonnard a besoin des dossiers. Mme Lafarge a apporté les dossiers.
Herr Bonnard benötigt Akten. Frau Lafarge hat die Akten mitgebracht.

Mme Lafarge a apporté les dossiers **dont** M. Bonnard a besoin.
Frau Lafarge hat die Akten mitgebracht, **die** Herr Bonnard braucht.

dont steht immer für Ergänzungen mit **de**. Das kann die Ergänzung eines Nomens sein:

Le fils **de** M. Lacombe ... Der Sohn von Herrn Lacombe …	M. Lacombe, **dont** le fils ... Herr Lacombe, dessen Sohn …
La femme **de** mon collègue ... Die Frau von meinem Kollegen …	Mon collègue, **dont** la femme ... Mein Kollege, dessen Frau …

Es kann aber auch die **de**-Ergänzung eines Verbs oder eines anderen Ausdrucks sein:

avoir besoin **de** benötigen/brauchen	Marc a besoin **de** ces livres ... Mark braucht diese Bücher …	Ces livres **dont** Marc a besoin ... Diese Bücher, die Marc benötigt …
parler **de** sprechen von	On ne parle pas **de** cette musique ... Wir sprechen nicht von dieser Musik …	Cette musique **dont** on ne parle pas ... Diese Musik, von der wir nicht sprechen …

Oder auch die Ergänzung eines Adjektivs:

être content **de** mit etwas zufrieden sein/sich über etwas freuen	Elle est très contente **de** cette maison. Sie freut sich sehr über dieses Haus.	Cette maison **dont** elle est très contente ... Dieses Haus, über das sie sich sehr freut …

Da dont ganz allgemein Ergänzungen mit de vertritt, wird es sehr unterschiedlich ins Deutsche übersetzt, meistens mit:

M. Lacombe, **dont** le fils ...	Herr Lacombe, **dessen** Sohn …
Madeleine, **dont** la maison ...	Madeleine, **deren** Haus …
Mon collègue, **dont** je t'ai parlé ...	Mein Kollege, **von dem** ich dir erzählt habe …

Aber auch mit:

les papiers **dont** il a besoin	die Papiere, **die** er braucht
l'enfant **dont** il s'occupe	das Kind, **um das** er sich kümmert
les idées **dont** on discute	die Ideen, **über die** man diskutiert

⚠ venir **de** – la ville **d'où** il vient (die Stadt, aus der er kommt)
dont kann keine Ortsangabe vertreten.
Für Ortsangaben müssen Sie où (+ Präposition) verwenden.

4. ce qui und ce que

Für das deutsche Relativpronomen „was" gibt es im Französischen zwei Ausdrücke: ce qui und ce que.

ce qui ist das Subjekt des Relativsatzes. Auf ce qui folgt das Verb des Relativsatzes.

Elle m'a expliqué **ce qui** s'est passé.	Sie hat mir erklärt, **was** passiert ist.

ce que ist das direkte Objekt des Relativsatzes. Auf ce que folgt das Subjekt des Relativsatzes. Vor Vokal wird ce que zu ce qu' verkürzt.

Montrez-moi **ce que** vous avez préparé.	Zeigen Sie mir, **was** Sie/ihr vorbereitet haben/habt.
Je t'explique **ce qu'**il faut faire.	Ich erkläre dir, **was** man tun muss.

Wenn das Verb des Hauptsatzes eine **à**- oder **de**-Ergänzung hat, steht diese vor **ce que**.

Elle se souvient **de ce qu'**elle a dit hier.	Sie erinnert sich daran, was sie gestern gesagt hat.
Je pense **à ce que** vous m'avez écrit ...	Ich denke an das, was sie mir geschrieben haben …

5. lequel

Das Relativpronomen **lequel** gleichen Sie in Geschlecht und Zahl an das Nomen an, zu dem es gehört.

	maskulin	feminin
Singular	lequel	laquelle
Plural	lesquels	lesquelles

lequel, **lesquels** und **lesquelles** werden mit den Präpositionen **à** und **de** zusammengezogen.

	maskulin	feminin
Singular	auquel duquel	à laquelle de laquelle
Plural	auxquels desquels	auxquelles desquelles

lequel wird vor allem dann verwendet, wenn das Bezugswort eine Sache ist. Es wird mit Präpositionen und präpositionalen Ausdrücken verwendet.

Le magazine **dans lequel** j'ai trouvé cet article ...
Die Zeitschrift, **in der** ich den Artikel gefunden habe …

La raison **pour laquelle** elle est venue ...
Der Grund, **weswegen** sie gekommen ist …

L'église **à côté de laquelle** j'ai habité ...
Die Kirche, **neben der** ich gewohnt habe …

Ist das Bezugswort eine Person, verwenden Sie eine Präposition + **qui**.

> **La jeune fille à qui je viens de parler, c'est Juliette.**
> Das Mädchen, mit dem ich gerade gesprochen habe, ist Juliette.
>
> **C'est le type pour qui j'ai travaillé.**
> Das ist der Typ, für den ich gearbeitet habe.

lequel mit Personen verwenden Sie nur dann, wenn **qui** in diesem Fall doppeldeutig wäre (**avec qui** könnte sich in diesem Satz sowohl auf **la femme** als auch auf **Patrick** beziehen).

> **J'ai rencontré la femme de Patrick avec laquelle j'avais fait un stage.**
> Ich habe die Frau von Patrick getroffen, mit der ich ein Praktikum gemacht hatte.

48 Die Fragepronomen

1 Fragen nach Personen

Qui a écrit ce livre? **Qui est-ce qui a écrit ce livre?**	Wer hat das Buch geschrieben?
Qui a-t-elle rencontré à Paris? **Qui est-ce qu'elle a rencontré à Paris?**	Wen hat sie in Paris getroffen?

qui kann Subjekt oder Objekt des Fragesatzes sein.

⚠ **Qui est-ce qui ...?** Wer …?
Qui est-ce que ...? Wen …?

(Die Frage mit **est-ce que** ► Nr. 93.2)

qui und **qui est-ce que** können Sie zusammen mit Präpositionen verwenden.

De qui parles-tu? **De qui est-ce que tu parles?**	Von wem sprichst du?
À qui pensez-vous? **À qui est-ce que vous pensez?**	An wen denken Sie/denkt ihr?
Pour qui est-ce? **Pour qui est-ce que c'est?**	Für wen ist das?

2 Fragen nach Sachen

Qu'est-ce qui se passe ici?	Was geht hier vor?

Qu'est-ce qui ist immer Subjekt des Fragesatzes.

Qu'est-ce que tu fais? / **Que** fais-tu?	Was machst du?

Qu'est-ce que, que und quoi sind Objekte des Fragesatzes.

Tu fais **quoi**?	Was machst du?

quoi steht am Satzende. Die Frage mit quoi ist umgangssprachlich.

De quoi ...?	Von was / Worum ...?
À quoi ...?	Woran/Wozu ...?
Avec quoi ...?	Womit ...?
Sur quoi ...?	Über was / Worüber ...?

In Verbindung mit Präpositionen verwenden Sie quoi (nicht que).

49 Das Demonstrativpronomen

Das französische Demonstrativpronomen hat vier Formen:
celui, celle, ceux, celles.

· Ich mag dieses T-shirt für 25 Euro. *– Ich mag lieber das für 50 Euro.*

• Est-ce que cette robe te plaît?	Gefällt dir dieses Kleid?
– **Celle**-là? Non, pas du tout.	Dieses da? Nein, überhaupt nicht.
• Est-ce que ce sont tes livres?	Sind das deine Bücher?
– Non, ce sont **ceux** de ma sœur.	Nein, das sind die von meiner Schwester.
• J'aime bien tes photos.	Ich mag deine Fotos.
– Je préfère **celles** que mon frère a prises.	Ich finde die, die mein Bruder gemacht hat, besser.

Im Unterschied zum deutschen Demonstrativpronomen „dieser/diese“ können **celui, celle, ceux, celles** nicht alleine stehen. Die französischen Demonstrativpronomen stehen immer zusammen mit:

Celui-**ci** ou celui-**là**? Dieser (hier) oder dieser (dort)?	-ci oder -là,
ceux **de** ma sœur die von meiner Schwester celui **à** 50 euros das zu 50 Euro	einer Ergänzung mit Präposition,
celles **que mon frère a prises** die mein Bruder gemacht hat	oder einem Relativsatz.

50 Die Possessivpronomen

Die französischen Possessivpronomen stehen immer mit dem bestimmten Artikel.

Singular		Plural	
Maskulinum	Femininum	Maskulinum	Femininum
le mien	la mienne	les miens	les miennes
le tien	la tienne	les tiens	les tiennes
le sien	la sienne	les siens	les siennes
le nôtre	la nôtre	les nôtres	
le vôtre	la vôtre	les vôtres	
le leur	la leur	les leurs	

Das Possessivpronomen richtet sich in Geschlecht und Zahl nach dem Nomen, das es vertritt.

Vous me prêtez **un stylo**, s'il vous plaît? J'ai oublié **le mien**.
Leihen Sie mir **einen Füller**, bitte? Ich habe **meinen** vergessen.

La voiture de ma femme est meilleure. **La mienne** est déjà trop vieille.
Das Auto meiner Frau ist besser. **Meins** ist schon zu alt.

· *Das ist mein Auto! – Jetzt ist es meins!*

Anders als im Deutschen können im Französischen nicht zwei Possessivbegleiter vor einem Nomen stehen.

C'est ton verre ou le mien?
Ist das dein oder mein Glas?

51 Unbestimmte Pronomen

Im Französischen wie im Deutschen gibt es eine Reihe von unbestimmten Pronomen, die Sie für nicht näher bestimmte Personen oder Sachen verwenden können.

1. tout le monde

tout le monde bedeutet „alle" oder „jeder". **tout le monde** kann Subjekt oder Objekt des Satzes sein. Es kann mit oder ohne Präposition verwendet werden. Nach **tout le monde** steht das Verb immer im Singular.

Tout le monde le connaît.	Jeder kennt ihn. / Alle kennen ihn.
Il s'adresse à **tout le monde**.	Er wendet sich an alle.

2. tout

tout ist unveränderlich, es kann Subjekt und Objekt des Satzes sein.

Tout est intéressant.	Alles ist interessant.
C'est **tout**.	Das ist alles.

In den zusammengesetzten Zeiten steht **tout** vor dem Partizip und außerhalb der Verneinungsklammer.

J'ai **tout** vu.	Ich habe alles gesehen.
Je n'ai pas **tout** vu.	Ich habe nicht alles gesehen.

3. chacun/chacune

chacun/e bezeichnet jede/n Einzelne/n aus einer Gruppe.

J'ai beaucoup d'amies.	Ich habe viel Freundinen.
Chacune m'a apporté un cadeau.	Jede hat mir ein Geschenk mitgebracht.

chacun wird häufig mit einer de-Ergänzung verwendet.

J'ai fait des photocopies **pour chacun de vous**.	Ich habe für jeden von Ihnen/ euch Kopien gemacht.

4. tous/toutes

tous steht für maskuline Personen oder Sachen im Plural.

• Tu as lu les policiers de Fred Vargas?	Hast du die Krimis von Fred Vargas gelesen?
– Oui, **tous** sont très intéressants. / Ils sont **tous** très intéressants.	Ja, alle sind sehr interessant. / Sie sind alle sehr interessant.

toutes steht für feminine Personen oder Sachen im Plural.

• Tu connais les B.D. de Claire Bretécher?	Kennst du die Comics von Claire Bretécher?
– Oui, je les connais **toutes**.	Ja, ich kenne sie alle.

tous/toutes kann sowohl Subjekt als Objekt des Satzes sein. tous/toutes als direktes Objekt steht immer zusammen mit dem Objektpronomen les.

Tous sont intéressants.	Alle sind interessant.
Je **les** connais **toutes**.	Ich kenne (sie) alle.

5. quelqu'un

quelqu'un kann Subjekt, direktes und indirektes Objekt des Satzes sein. Es ist unveränderlich.

Quelqu'un a appelé.	Jemand hat angerufen.
Tu as vu **quelqu'un**?	Hast du jemanden gesehen?
Tu as parlé à **quelqu'un**?	Hast du mit jemandem gesprochen?

⚠

quelqu'un	jemand
ne ... personne / personne ne ...	niemand (► Nr. 78)

6. quelques-uns/unes

quelques-uns/unes gleicht sich im Geschlecht dem Nomen an, das es vertritt. Es kann Subjekt oder Objekt des Satzes sein.

• Tu as vu ses photos?	Hast du seine/ihre Fotos gesehen?
– Oui, **quelques-unes** sont très intéressantes.	Ja, einige sind sehr interessant.
• Tu connais les films de Truffaut?	Kennst du die Filme von Truffaut?
– Oui, j'ai vu **quelques-uns** de ses films deux ou trois fois.	Ja, ich habe einige seiner Filme zwei- oder dreimal gesehen.

⚠ quelques-uns/unes — einige
aucun/e ne ... / ne ... aucun/e — keine
(► NR. 78)

7. quelque chose

quelque chose kann Subjekt, direktes oder indirektes Objekt des Satzes sein.

Quelque chose m'a réveillé.	Etwas hat mich geweckt.
J'ai entendu **quelque chose**.	Ich habe etwas gehört.
Tu as besoin de **quelque chose**?	Brauchst du etwas?

⚠ quelque chose — etwas
ne ... rien / rien ne ... — nichts
(► NR. 78)

8. n'importe qui, n'importe quoi, n'importe lequel

N'importe qui utilise ce parking.	... irgendwer ...	Irgendwer nimmt diesen Parkplatz.
Tu peux poser cette question à **n'importe qui**.	... irgendjemandem ...	Du kannst irgendjemandem diese Frage stellen.
Il a répondu **n'importe quoi**.	... irgendetwas ...	Er hat irgendetwas geantwortet.
• Quelles places est-ce que vous voulez?	... irgendwelche / egal welche ...	Welche Plätze möchten Sie?
– **N'importe lesquelles**.		Irgendwelche.

Du läßt Deine Krawatten überall liegen!

n'importe können Sie noch mit anderen Pronomen und Fragewörtern kombinieren, z. B.: **n'importe où** (irgendwo/überall), **n'importe comment** (irgendwie / ohne zu denken).

Die Verben

52 Vollverben

Verben, die eine eigene vollständige Aussage enthalten, nennen wir Vollverben.

parler	Je parle.	sprechen	Ich spreche.
dormir	Il dort.	schlafen	Er schläft.
comprendre	Elles comprennent.	verstehen	Sie verstehen.

Eine besondere Gruppe der Vollverben sind die reflexiven Verben, die immer von einem Objektpronomen begleitet werden.
(Die reflexiven Verben ► Nr. 75)

se tromper	sich täuschen
s'appeler	heißen

Einige Verben werden nur in der 3. Person Singular konjugiert. Diese Verben nennt man unpersönliche Verben. (► Anhang 4.2)

il faut	es ist nötig/man muss
il pleut	es regnet
il vaut	es gilt/es ist wert

53 Hilfsverben

Die Verben **être**, **avoir** und **aller** stehen nicht nur alleine, sondern werden als Hilfsverben auch zur Bildung der zusammengesetzten Zeiten (z. B. *passé composé*) verwendet.
(Die Konjugation der Hilfsverben **avoir** und **être** ► ANHANG 3)

avoir	j'ai écrit	haben	ich habe geschrieben
être	elle est partie	sein	sie ist (weg)gegangen
aller	tu vas voir	hier: werden	du wirst sehen

1 Welches Hilfsverb: *avoir* oder *être*?

Die zusammengesetzten Zeiten *(passé composé*, Plusquamperfekt und *futur antérieur)* werden mit den Hilfsverben **avoir** oder **être** gebildet. Welches Hilfsverb Sie verwenden müssen, hängt von dem nachfolgenden Vollverb ab. Die meisten Verben bilden die zusammengesetzten Zeiten mit dem Hilfsverb **avoir**.

Nur folgende Verben bilden die zusammengesetzten Zeiten mit dem Hilfsverb **être**:

Elle **s'est promenée**. Sie ist spazieren gegangen. Ils **se sont habillés** élégamment. Sie haben sich elegant angezogen.	reflexive Verben,
Il **est parti** vers 7 heures. Er ist gegen 7 Uhr gegangen. Elle **est rentrée** trop tard. Sie ist zu spät nach Hause gekommen.	Verben der Bewegungsrichtung: Dazu zählen **aller, arriver, descendre, entrer, monter, partir, rentrer, retourner, tomber, revenir, sortir, venir,**
Je ne **suis** pas **restée** longtemps. Ich bin nicht lange geblieben.	Verben des Verweilens, z.B.: **rester,**
Il **est né** en 1995. Er ist 1995 geboren.	und die Verben **naître, devenir, mourir, décéder.**

⚠ **Il a couru très vite.** — ... ist gerannt
Er ist sehr schnell gerannt.

Nous avons marché une heure. — ... sind gelaufen
Wir sind eine Stunde gelaufen.

J'ai beaucoup nagé. — ... bin geschwommen
Ich bin viel geschwommen.

Im Unterschied zum Deutschen werden die Verben, die eine Bewegungs- oder Gangart bezeichnen, mit dem Hilfsverb **avoir** verbunden. Dazu zählen:

courir	laufen, rennen	nager	schwimmen
fuir	flüchten	sauter	springen
grimper	klettern	voler	fliegen
marcher	(zu Fuß) gehen	voyager	reisen

2 Verben mit wechselndem Hilfsverb

Tu es rentré assez tard.
Du bist ziemlich spät nach Hause gekommen.
nach Hause kommen (kein direktes Objekt)

Tu as déjà rentré les vélos au garage?
Hast du die Räder schon in die Garage gestellt?
hineinbringen/-stellen (**les vélos** = direktes Objekt)

Je suis descendu à la cave.
Ich bin in den Keller gegangen.
hinuntergehen (kein direktes Objekt)

J'ai descendu les bouteilles à la cave.
Ich habe die Flaschen in den Keller gebracht.
hinunterbringen (**les bouteilles** = direktes Objekt)

Elle est montée au premier étage.
Sie ist in die erste Etage gegangen.
hinaufgehen/-steigen (kein direktes Objekt)

Elle a monté le linge au premier étage.
Sie hat die Wäsche in die erste Etage gebracht.
hinaufbringen (**le linge** = direktes Objekt)

Einige der unter Nr. 53.1 genannten Verben der Bewegungsrichtung können Sie auch transitiv (d. h. mit einem direkten Objekt) verwenden. Sie haben dann eine andere Bedeutung und werden in den zusammengesetzten Zeiten mit **avoir** verbunden. Dazu zählen:

descendre	hinuntergehen	**descendre qc**	etw. hinunterbringen
monter	hinaufgehen/-steigen	**monter qc**	etw. hinaufbringen
rentrer	nach Hause kommen	**rentrer qc**	etw. hineinbringen
retourner	zurückkehren/-kommen	**retourner qc**	etw. umdrehen/-wenden
sortir	hinausgehen	**sortir qc**	etw. hinausbringen

Elle est sortie.
Sie ist ausgegangen.

Elle a sorti le lait du réfrigérateur.
Sie hat die Milch aus dem Kühlschrank herausgeholt.

54 Modalverben

Modalverben stehen vor dem Infinitiv eines weiteren Verbs. Sie drücken aus, ob eine Handlung gewollt, möglich, bevorzugt ist, usw.
Die Konjugation der Modalverben **devoir, pouvoir, savoir, vouloir** finden Sie in der Liste der unregelmäßigen Verben.

► Anhang 4.1

aimer		lieben/mögen	
devoir		müssen/sollen	
vouloir		wollen	
pouvoir	**+ faire qc**	können	+ etw. machen
savoir		wissen	
préférer		bevorzugen	
il faut		man muss	

*Ich möchte ein Eis essen!

55 Die Verbformen

Es gibt zwei Arten von Verbformen: die konjugierten Verbformen und die nichtkonjugierten Verbformen. Konjugierte Verbformen sind Formen, die mit den Personen verändert werden, wie z. B.: **je regarde** (1. Person Präsens Indikativ), **elle a regardé** (3. Person *passé composé*).

1 Konjugierte Verbformen

Jedes Verb kommt in verschiedenen Formen vor. Es kann konjugiert werden.

je	chant	e	ich singe
tu	chant	es	du singst
je	fini	s	ich beende
nous	finiss	ons	wir beenden
il	peu	t	er kann
vous	pouv	ez	ihr könnt
ils	peuv	ent	sie können

Bei den Verben unterscheiden wir einen Stamm (z.B. **chant-**, **fini-** usw.) und eine Endung (z.B.: **-e**, **-es**, **-ons**, **-ez** usw.). Manche Verben haben auch zwei oder drei Stämme (**fini-/finiss-**, **peu-/pouv-/peuv-** usw.).

Konjugierte Verbformen werden unterteilt in:

- einfache Verbformen: **je chante, tu parles, il regardait, ils écouteront** … (ich singe, du sprichst, er schaute, sie werden hören …),
- zusammengesetzte Verbformen. Diese bestehen aus einem Hilfsverb (**avoir, être, aller**) und dem Partizip Perfekt bzw. dem Infinitiv des Vollverbs: **j'ai chanté, il est venu, il va partir** … (ich habe gesungen, er ist gekommen, er wird gehen …)

2 Nichtkonjugierte Verbformen

Die nichtkonjugierten Formen des Verbs sind:

chanter, avoir, être — der Infinitiv,
singen, haben, sein
chantant, ayant, étant — das Partizip Präsens,
singend, habend, seiend

en chantant, en ayant, en étant — das *gérondif*,
singend, habend, seiend
chanté, eu, été — das Partizip Perfekt.
gesungen, gehabt, gewesen
(Die nichtkonjugierten Verbformen ► Nr. 73)

56 Modus und Tempus

Verben stehen nicht nur in verschiedenen Tempora (Zeiten), die etwas über den Zeitpunkt eines Ereignisses aussagen, sondern auch in einem Modus. Mit den Modi kann der Sprecher seine Einstellung zum Gesagten variieren:
Um auszudrücken, dass ein Ereignis tatsächlich stattfindet, verwenden Sie den Indikativ.

Elle **viendra** demain.
Sie wird morgen kommen.

Elle **lit** un livre.
Sie liest ein Buch.

Um Befehle, Notwendigkeiten oder Wünsche auszudrücken, verwenden Sie den Imperativ, *conditionnel* oder *subjonctif*.

Venez demain. (Imperativ)
Kommt/Kommen Sie morgen.

Elle souhaite que tu **viennes** demain. *(subjonctif)*
Sie wünscht, dass du morgen kommst.

Pourriez-vous venir demain? *(conditionnel)*
Könntet ihr/Könnten Sie morgen kommen?

Auch um Ereignisse auszudrücken, die entgegen der ursprünglichen Annahme nicht stattgefunden haben, verwenden Sie das *conditionnel*.

Elle **serait venue** volontiers, mais elle a eu un empêchement. *(conditionnel)*
Sie wäre gerne gekommen, aber sie war verhindert.

Im Französischen gibt es vier Modi: Indikativ, Imperativ, *subjonctif* und *conditionnel*.

Indikativ, *subjonctif* und *conditionnel* haben verschiedene Zeiten.
Die Zeiten des Indikativs finden Sie ► Nr. 57–68.

57 Das Präsens

1 Verben auf *-er*

1. Verben auf -er, -cer, -ger und -yer

		chanter singen	commencer anfangen	manger essen	tutoyer duzen
Singular	je	chante	commence	mange	tutoie
	tu	chantes	commences	manges	tutoies
	il/elle	chante	commence	mange	tutoie
Plural	nous	chantons	commençons	mangeons	tutoyons
	vous	chantez	commencez	mangez	tutoyez
	ils/elles	chantent	commencent	mangent	tutoient

Vor **-a**, **-o**, **-u** steht **-ç-** statt **-c-** und **-ge-** statt **-g-**.

Die Verben auf **-yer** behalten das **-y** nur in der 1. und 2. Person Plural.
Alle anderen Formen haben ein **-i-**.
Die Verben auf **-ayer** (z. B. **payer**, **essayer** usw.) können das **-y-** aber behalten:
je paie oder **je paye**. Hier sind beide Formen richtig.

2. Verben auf -er mit zwei Stämmen

		acheter kaufen	préférer bevorzugen	appeler rufen
Singular	j'/je	achète	préfère	appelle
	tu	achètes	préfères	appelles
	il/elle	achète	préfère	appelle
Plural	nous	achetons	préférons	appelons
	vous	achetez	préférez	appelez
	ils/elles	achètent	préfèrent	appellent
		Ebenso: achever, amener, emmener, geler, lever, mener	Ebenso: compléter, espérer, posséder, régler, répéter	Ebenso: jeter, épeler, projeter, rappeler, rejeter, renouveler

2 Verben auf *-ir*

Von diesen Verben gibt es zwei Gruppen.
Verben wie **dormir** verlieren in einigen Formen einen Teil des Stamms.
Verben wie **finir** erweitern in einigen Formen ihren Stamm um **-iss**.

		dormir schlafen	finir beenden
Singular	je	dors	finis
	tu	dors	finis
	il/elle	dort	finit
Plural	nous	dormons	finissons
	vous	dormez	finissez
	ils/elles	dorment	finissent
		Ebenso: mentir, partir, sentir, servir, sortir	Ebenso: agir, applaudir, choisir, définir, grandir, réfléchir, réunir, réussir, rougir, saisir, trahir

3 Verben auf *-(d)re*

		attendre warten
Singular	j'	attends
	tu	attends
	il/elle	attend
Plural	nous	attendons
	vous	attendez
	ils/elles	attendent
		Ebenso: défendre, descendre, entendre, pendre, perdre, prétendre, rendre, répondre, tendre, vendre

Viele Verben, deren Infinitiv auf **-(d)re** endet, sind unregelmäßig. Diese Verben finden Sie in der Liste der unregelmäßigen Verben. (► Anhang 4.1)

4 Der Gebrauch des Präsens

Das Präsens wird in den meisten Fällen wie im Deutschen verwendet:

- Qu'est-ce qu'il **fait**?
  Was macht er?
- Il **range** sa chambre.
  Er räumt sein Zimmer auf.

zur Wiedergabe von Handlungen und Ereignissen, die in der Gegenwart ablaufen,

Elle **s'entraîne** 2 fois par semaine.
Sie trainiert zweimal in der Woche.

zur Beschreibung von Gewohnheiten,

Elle **a** les yeux bleus.
Sie hat blaue Augen.

für allgemeingültige Feststellungen oder Informationen.

- Tu **viens** à la plage **demain**?
  Kommst du morgen mit an den Strand?
- Non, je ne peux pas. **Demain**, je **vais** en ville avec une copine.
  Nein, ich kann nicht. Morgen gehe ich mit einer Freundin in die Stadt.

Mit einer entsprechenden Zeitangabe kann sich ein Verb im Präsens manchmal auch auf die Zukunft beziehen.

58 Das imparfait

1 Die Formen des imparfait

Sie bilden das *imparfait* aller Verben – auch der unregelmäßigen – aus dem Stamm der 1. Person Plural Präsens (nous chantons, nous dormons, nous finissons etc.) und den Endungen -ais, -ais, -ait, -ions, -iez, -aient:

		chant**er** singen	dorm**ir** schlafen	fin**ir** beenden	attend**re** warten
Singular	je/j'	chant**ais**	dorm**ais**	finiss**ais**	attend**ais**
	tu	chant**ais**	dorm**ais**	finiss**ais**	attend**ais**
	il/elle	chant**ait**	dorm**ait**	finniss**ait**	attend**ait**
Plural	nous	chant**ions**	dorm**ions**	finiss**ions**	attend**ions**
	vous	chant**iez**	dorm**iez**	finiss**iez**	attend**iez**
	ils/elles	chant**aient**	dorm**aient**	finiss**aient**	attend**aient**

Ausnahme – être: j'étais, tu étais, il était, nous étions, vous étiez, ils étaient.

⚠ **manger**	**nous mangeons**	►	**je mangeais**
essen	wir essen		ich aß
commencer	**nous commençons**	►	**je commençais**
beginnen	wir beginnen		ich begann

Denken Sie an die Unregelmäßigkeiten in der 1. Person Plural Präsens. Sie bleiben im *imparfait* erhalten.

2 Der Gebrauch des imparfait

Das *imparfait* verwenden Sie, um vergangene Handlungen oder Ereignisse zu beschreiben. Insbesondere verwenden Sie es, um:

À 9 ans, j'allais encore à l'école primaire, je chantais dans une chorale et je faisais de la natation.
Mit neun Jahren ging ich noch in die Grundschule, ich sang in einem Chor und ich ging zum Schwimmen.

gewohnheitsmäßige oder sich wiederholende Handlungen oder Ereignisse der Vergangenheit zu beschreiben,

En 1963, il y avait encore beaucoup de fermes dans notre village.
1963 gab es noch viele Bauernhöfe in unserem Dorf.

Mon grand-père était très optimiste et il avait beaucoup d'amis.
Mein Großvater war sehr optimistisch und hatte viele Freunde.

und um Zustände oder Handlungen der Vergangenheit ohne Bezug zur Gegenwart zu beschreiben.

59 Das passé composé

Das *passé composé* bilden Sie mit den Hilfsverben **avoir** oder **être** im Präsens und dem Partizip Perfekt des Vollverbs.
(► Nr. 73.4)

			chanter singen			arriver ankommen
Singular	j'	ai	chanté	je	suis	arrivé/arrivée
	tu	as	chanté	tu	es	arrivé/arrivée
	il/elle	a	chanté	il	est	arrivé
				elle	est	arrivée
Plural	nous	avons	chanté	nous	sommes	arrivés/arrivées
	vous	avez	chanté	vous	êtes	arrivé/arivée arrivés/arrivées
	ils/elles	ont	chanté	ils	sont	arrivés
				elles	sont	arriveés

60 Der Gebrauch von imparfait und passé composé

Mit beiden Zeitformen schildern Sie vergangenes Geschehen.

Paul **avait** du travail, il **aimait** son métier et tout **allait** bien. Paul hatte Arbeit, er liebte seinen Beruf und alles lief gut.	Hintergrund
Mais un jour son usine **a fermé** et il **a perdu** son travail. Aber eines Tages schloss seine Fabrik und er verlor seine Arbeit.	Vordergrund/Handlung
Il **était** très déprimé et ne **savait** pas quoi faire. Er war sehr deprimiert und er wusste nicht, was er machen sollte.	Hintergrund
Alors, il **a vendu** sa maison Also hat er sein Haus verkauft,	Vordergrund/Handlung
qui **se trouvait** près du village et das sich in der Nähe des Dorfes befand und	Hintergrund
il **est allé** à Paris pour chercher du travail. er ist nach Paris gegangen, um Arbeit zu suchen.	Vordergrund/Handlung

In einer Erzählung geben Sie mit dem *imparfait* die **Hintergrund**informationen, die für das Verständnis wichtig sind. Sie beschreiben die Situation (il **avait** du travail) und den Zustand, der vor der eigentlichen Handlung bestand (il **était** très déprimé; il ne **savait** pas), geben Erklärungen (il **aimait** son métier; qui se **trouvait** près du village) oder Kommentare (tout **allait** bien).
Die Frage, auf die Sie antworten, könnte lauten: „Was war?“

Die eigentliche Handlung, die meist eine Folge von einzelnen, abgeschlossenen Ereignissen ist (son usine **a fermé**; il **a vendu** sa maison), erzählen Sie im *passé composé*.
Die Frage, auf die Sie antworten, könnte lauten: „Was ist dann geschehen?“

Auch in einzelnen Sätzen können Sie beide Zeiten verwenden.

Hier verlaufen beide Handlungen parallel. Anfang und Ende der Handlung sind unwichtig.

Je **mangeais** et — *(imparfait)* 
Ich aß und
il **regardait** la télé. — *(imparfait)* 
er sah fern.

Hier bildet das erste Geschehen den Hintergrund für das neu einsetzende Geschehen.

Je **regardais** la téle — *(imparfait)* 
Ich sah fern,
quand elle **est entrée**. — *(passé composé)* 
als sie hineinkam.

Hier liegt eine Folge von einzelnen, abgeschlossenen Handlungen vor.

Elle **est entrée**, — *(passé composé)* 
Sie ist hineingekommen,
elle **a** vite **mangé** quelque chose — *(passé composé)* 
sie hat schnell etwas gegessen
et elle **s'est couchée**. — *(passé composé)* 
und sie hat sich schlafen gelegt.

61 Das futur composé

1 Die Formen des futur composé

Das *futur composé* bilden Sie aus den Präsensformen des Verbs aller + Infinitiv des jeweiligen Vollverbs (ich werde singen, du wirst singen usw.).

Singular			Plural		
je	vais	chanter	nous	allons	chanter
tu	vas	chanter	vous	allez	chanter
il/elle	va	chanter	ils/elles	vont	chanter

2 Der Gebrauch des futur composé

Das *futur composé* wird in der gesprochenen Sprache und (seltener) in der geschriebenen Sprache verwendet, um zukünftige Ereignisse auszudrücken.

> On va manger dans 10 minutes et après on va regarder le film à la télé.
> In zehn Minuten werden wir essen, und danach werden wir den Film im Fernsehen anschauen.

Das *futur composé* verwenden Sie, um ein unmittelbar bevorstehendes Geschehen, eine nahe Zukunft zu beschreiben.
In den meisten Fällen können Sie zur Schilderung von zukünftigen Ereignissen sowohl das *futur composé* als auch das *futur simple* verwenden. Da es einfacher zu bilden ist, können Sie beim Sprechen das *futur composé* verwenden.

62 Das futur simple

1 Die Formen des futur simple

Sie bilden das *futur simple* der meisten Verben auf -er und -ir aus dem Infinitiv und den Endungen -ai, -as, -a, -ons, -ez, -ont.

		chanter singen	dormir schlafen	finir beenden
Singular	je	chanterai	dormirai	finirai
	tu	chanteras	dormiras	finiras
	il/elle	chantera	dormira	finira
Plural	nous	chanterons	dormirons	finirons
	vous	chanterez	dormirez	finirez
	ils/elles	chanteront	dormiront	finiront

Bei den Verben auf -(d)re fällt das -e des Infinitivs weg.

		attendre warten
Singular	j'	attendrai
	tu	attendras
	il/elle	attendra
Plural	nous	attendrons
	vous	attendrez
	ils/elles	attendront

Bei den Verben des Typs acheter und appeler und den Verben auf -yer bilden Sie das *futur simple* aus dem Stamm der 1. Person Singular Präsens + -r- + Futurendung.

acheter	kaufen	j'achète	j'achèterai
appeler	(an)rufen	j'appelle	j'appellerai
s'ennuyer	sich langweilen	je m'ennuie	je m'ennuierai

Auch die meisten unregelmäßigen Verben bilden die Formen des *futur simple* aus dem Infinitiv und den Endungen des *futur simple*. Eine Reihe von unregelmäßigen Verben haben aber einen besonderen Stamm, mit dem das *futur simple* und das *conditionnel présent* gebildet werden:

être sein	je serai	pouvoir können	je pourrai	aller gehen	j'irai
faire machen	je ferai	courir laufen	je courrai		
avoir haben	j'aurai	venir kommen	je viendrai	il faut es ist notwendig	il faudra
savoir wissen	je saurai	tenir halten	je tiendrai	il pleut es regnet	il pleuvra
voir sehen	je verrai	vouloir wollen	je voudrai		
envoyer schicken	j'enverrai				
		devoir müssen	je devrai		
		recevoir erhalten	je recevrai		

2 Der Gebrauch des futur simple

Das *futur simple* wird sowohl in der geschriebenen als auch in der gesprochenen Sprache verwendet. Im geschriebenen Französisch wird es jedoch viel häufiger verwendet als das *futur composé*.

Sie verwenden das *futur simple* zur Schilderung einer von der Gegenwart weiter entfernt liegenden Zukunft.

> Je **prendrai** ma retraite dans dix ans.
> In zehn Jahren werde ich in Rente gehen.

Aber in den meisten Fällen können Sie zur Schilderung von zukünftigen Ereignissen sowohl *futur composé* als auch *futur simple* verwenden.

63 Das passé simple

1 Die Formen des passé simple

Das *passé simple* der Verben auf -er bilden Sie aus dem Infinitivstamm und den Endungen: -ai, -as, -a, -âmes, -âtes, -èrent.

		chant**er** singen
Singular	je	chant**ai**
	tu	chant**as**
	il/elle	chant**a**
Plural	nous	chant**âmes**
	vous	chant**âtes**
	ils/elles	chant**èrent**

Das gilt auch für die Verben auf -yer und die Verben des Typs acheter, préférer, appeler.

tutoyer	duzen	je tutoyai
acheter	kaufen	j'achetai
préférer	bevorzugen	je préférai
appeler	(an)rufen	j'appelai

⚠ Denken Sie daran: vor -a, -o, -u steht -ç- statt -c- und -ge- statt -g-: je commen**ç**ai, je man**ge**ai.

Das *passé simple* der Verben auf -ir und -(d)re bilden Sie aus dem Infinitivstamm und den Endungen -is, -is, -it, -îmes, -îtes, -irent.

		dormir schlafen	finir beenden	attendre warten
Singular	j'/je	dormis	finis	attendis
	tu	dormis	finis	attendis
	il/elle	dormit	finit	attendit
Plural	nous	dormîmes	finîmes	attendîmes
	vous	dormîtes	finîtes	attendîtes
	ils/elles	dormirent	finirent	attendirent

2 Der Gebrauch des passé simple

In der gesprochenen Sprache wird das *passé simple* nicht verwendet.

Im geschriebenen Französisch, besonders in der Presse und in literarischen Texten, finden Sie anstelle des *passé composé* häufig das *passé simple*. Ebenso wie das *passé composé* stellt das *passé simple* das vergangene Geschehen im Vordergrund dar.

> Un jour, son usine **ferma** et Paul **perdit** son travail. Il **vendit** sa maison et **alla** à Paris.
> Eines Tages schloss seine Fabrik und Paul verlor seine Arbeit. Er verkaufte sein Haus und ging nach Paris.

64 Das Plusquamperfekt

1 Die Formen des Plusquamperfekts

Sie bilden das Plusquamperfekt mit den Hilfsverben **avoir** oder **être** im *imparfait* und dem Partizip Perfekt des Vollverbs.

			chanter singen			arriver ankommen
Singular	j'	**avais**	chanté	j'	**étais**	arrivé/arrivée
	tu	**avais**	chanté	tu	**étais**	arrivé/arrivée
	il/elle	**avait**	chanté	il	**était**	arrivé
				elle	**était**	arrivée
Plural	nous	**avions**	chanté	nous	**étions**	arrivés/arrivées
	vous	**aviez**	chanté	vous	**étiez**	arrivé/arivée arrivés/arrivées
	ils/elles	**avaient**	chanté	ils	**étaient**	arrivés
				elles	**étaient**	arriveés

2 Der Gebrauch des Plusquamperfekts

Das Plusquamperfekt verwenden Sie, um vergangene Ereignisse zu beschreiben, die sich noch vor anderen vergangenen Ereignissen abspielten, also noch weiter in der Vergangenheit liegen.

Quand ils sont arrivés, nous **avions** déjà tout **préparé**.
Als sie ankamen sind, **hatten** wir schon alles **vorbereitet**.

Im Deutschen verwenden wir manchmal das Perfekt anstelle des Plusquamperfekts. Im Französischen geht das nicht.

Je suis repassé à l'hôtel où j'**avais laissé** ma valise.
Ich bin in das Hotel zurückgegangen, wo ich meinen Koffer **gelassen hatte/habe**.

65 Das futur antérieur

1 Die Formen des futur antérieur

Das *futur antérieur* bilden Sie mit den Hilfsverben **avoir** oder **être** im *futur simple* und dem Partizip Perfekt des Vollverbs.

			chanter singen			arriver ankommen
Singular	j'	aurai	chanté	je	serai	arrivé/arrivée
	tu	auras	chanté	tu	seras	arrivé/arrivée
	il/elle	aura	chanté	il	sera	arrivé
				elle	sera	arrivée
Plural	nous	aurons	chanté	nous	serons	arrivés/arrivées
	vous	aurez	chanté	vous	serez	arrivé/arivée arrivés/arrivées
	ils/elles	auront	chanté	ils	seront	arrivés
				elles	seront	arriveés

2 Der Gebrauch des futur antérieur

Das *futur antérieur* entspricht formal dem deutschen Futur II. Es bezeichnet ein Geschehen in der Zukunft, das vor einem anderen Geschehen in der Zukunft abgeschlossen ist.

> Lundi, elle **aura terminé** le troisième chapitre et elle pourra partir en vacances.
> Am Montag wird sie das 3. Kapitel beendet haben und wird in die Ferien fahren können.

Im Deutschen verwenden wir anstelle des Futur II meistens das Perfekt. Im Französischen geht das nicht.

> Quand elle **aura terminé** ses études, elle ira aux États-Unis.
> Wenn sie ihr Studium **beendet hat** … statt: Wenn sie ihr Studium **beendet haben wird** …

66 Das présent duratif

Mit **être en train de** + Infinitiv des Vollverbs können Sie ausdrücken, dass jemand gerade dabei ist oder war, etwas zu tun.

- • Qu'est-ce que tu fais? — Was machst du?
- – Je **suis en train de** préparer le repas. — Ich bereite **gerade** das Essen vor.

J'**étais en train de** préparer le dîner quand les copains sont venus. — Ich war **gerade** dabei das Abendessen vorzubereiten, als meine Freunde gekommen sind.

être en train de können Sie in mehreren Zeiten konjugieren. Am geläufigsten sind jedoch Präsens und *imparfait*.

· Was machst du?
– Ich repariere gerade die Lampe.

67 Das passé récent

Mit **venir de** + Infinitiv des Vollverbs können Sie ausdrücken, dass jemand gerade etwas gemacht hat oder dass eine Handlung gerade beendet ist.

Je **viens de** terminer les préparatifs pour le voyage.
Ich habe gerade die Vorbereitungen für die Reise beendet.

Auch **venir de** + Infinitiv können Sie in verschiedenen Zeiten konjugieren.

Je **venais de** terminer mon travail lorsqu'il m'a appelé.
Ich hatte gerade meine Arbeit beendet, als er mich anrief.

68 Übersicht über die Zeiten des Indikativs

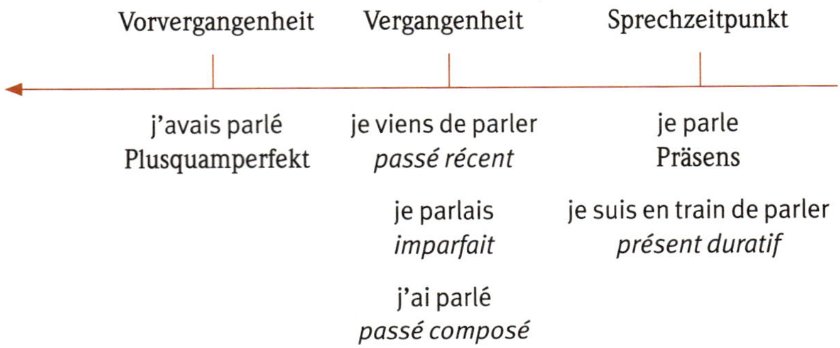

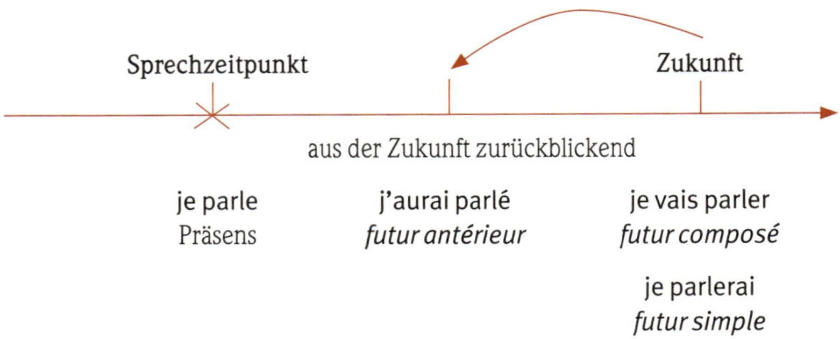

69 Der Imperativ

Den Imperativ verwenden Sie, wenn Sie jemanden auffordern wollen, etwas zu tun.

Der Imperativ hat drei Formen:

Attends.	Warte.	eine Singularform
Attendons.	Warten wir.	und zwei Pluralformen.
Attendez.	Warten Sie/Wartet.	

Die Singularform des Imperativs bilden Sie aus der 1. Person Singular Präsens. Das Personalpronomen fällt weg: je finis – finis.

Finis tes devoirs.
Beende deine Hausaufgaben.

Die Pluralformen bilden Sie aus der 1. und 2. Person Plural Präsens: nous finissons – finissons; vous finissez – finissez.

Finissons de manger.
Beenden wir das Essen.
Finissez tranquillement votre repas.
Beendet/Beenden Sie in Ruhe euer/Ihr Essen.

Fast alle Verben, auch die unregelmäßigen, bilden so den Imperativ.

⚠ Nur diese vier Verben haben unregelmäßige Imperativformen:

être	sois, soyons, soyez	sein
avoir	aie, ayons, ayez	haben
aller	va, allons, allez	gehen/fahren
savoir	sache, sachons, sachez	wissen

Lève-toi.
Steh auf
Levons-nous.
Stehen wir auf.
Levez-vous.
Steht/Stehen Sie auf.

Um den Imperativ der reflexiven Verben zu bilden, stellen Sie das Reflexivpronomen hinter das Verb und hängen es mit einem Bindestrich an.
Beim bejahten Imperativ lautet das Reflexivpronomen der Singularform toi (nicht te).

Ne te lève pas.
Steh nicht auf.

Beim verneinten Imperativ bleibt die Form des Reflexivpronomens im Singular te erhalten.

Nach dem Imperativ steht im Französischen normalerweise ein Punkt, kein Ausrufezeichen.

70 Der subjonctif

1 Der subjonctif présent

		chanter singen		finir beenden
Singular	que je	chante	que je	finisse
	que tu	chantes	que tu	finisses
	qu'il/elle	chante	qu'il/elle	finisse
Plural	que nous	chantions	que nous	finissions
	que vous	chantiez	que vous	finissiez
	qu'ils/elles	chantent	qu'ils/elles	finissent

Die meisten Verben – auch die unregelmäßigen – bilden den *subjonctif présent* aus dem Stamm der 3. Person Plural des Präsens Indikativ.

Infinitiv		Indikativ Präsens	*subjonctif présent*
écrire	schreiben	ils écrivent	que j'écrive
dormir	schlafen	ils dorment	que je dorme
dire	sagen	ils disent	que je dise
mettre	legen/anziehen	ils mettent	que je mette
lire	lesen	ils lisent	que je lise

Die Endungen sind bei allen Verben die gleichen: -e, -es, -e, -ions, -iez, -ent. Diese Endungen kennen Sie vom *imparfait*: -ions und -iez oder vom Präsens Indikativ der Verben auf -er: -e, -es, -e, -ent.

Verben, die in der 1. Person Plural und in der 3. Person Plural unterschiedliche Stämme haben (z.B. acheter, préférer), behalten in der Regel beide Stämme bei.

que j'achète
que tu achètes
qu'il achète
que nous achetions
que vous achetiez
qu'ils achètent

	Indikativ Präsens	*subjonctif présent*
boire trinken	nous buvons / ils boivent	que nous buvions / qu'ils boivent
envoyer schicken	nous envoyons / ils envoient	que nous envoyions / qu'ils envoient
préférer bevorzugen	nous préférons / ils préfèrent	que nous préférions / qu'ils préfèrent
prendre nehmen	nous prenons / ils prennent	que nous prenions / qu'ils prennent
venir kommen	nous venons / ils viennent	que nous venions / qu'ils viennent
voir sehen	nous voyons / ils voient	que nous voyions / qu'ils voient

Der Stamm der 2. Person Plural ist immer mit dem der 1. Person Plural identisch: que vous buviez, que vous envoyiez usw.

⚠ Einige Verben haben besondere *subjonctif*-Formen, z. B.:

aller	gehen/fahren	que j'aille [aj] / que nous allions [aljɔ̃]
avoir	haben	que j'aie [ɛ] / qu'il ait / que nous ayons
être	sein	que je sois / qu'il soit / que nous soyons
faire	machen	que je fasse
pouvoir	können	que je puisse
savoir	wissen	que je sache
vouloir	wollen	que je veuille / que nous voulions

2 Der subjonctif passé

Den *subjonctif passé* bilden Sie mit den Hilfsverben **avoir** oder **être** im *subjonctif présent* und dem Partizip Perfekt des Vollverbs.

			chanter singen			partir weggehen/ abfahren
Singular	que j'	**aie**	chanté	que je	**sois**	parti/partie
	que tu	**aies**	chanté	que tu	**sois**	parti/partie
	qu'il/elle	**ait**	chanté	qu'il	**soit**	parti
				qu'elle	**soit**	partie
Plural	que nous	**ayons**	chanté	que nous	**soyons**	partis/parties
	que vous	**ayez**	chanté	que vous	**soyez**	parti/partie/ partis/parties
	qu'ils/elles	**aient**	chanté	qu'ils	**soient**	partis
				qu'elles	**soient**	parties

Steht das Verb im einleitenden Hauptsatz in einem Tempus der Vergangenheit, verwenden Sie im que-Satz den *subjonctif passé*, um auszudrücken, dass diese Handlung vor der im Hauptsatz stattgefunden hat.

J'ai trouvé bon qu'il **vienne**. — Gleichzeitigkeit
Ich fand gut, dass er kam.

J'ai trouvé bon qu'il **soit venu**. — Vorzeitigkeit
Ich fand gut, dass er gekommen ist/war.

3 Der subjonctif imparfait

Der *subjonctif imparfait* ist eine Form, die nur noch selten verwendet wird. Er gehört der gehobenen Schriftsprache an, aber auch dort ist nur noch die 3. Person Singular gebräuchlich. Sie finden die Formen des *subjonctif imparfait* vornehmlich in älteren literarischen Werken.

chanter singen	qu'il chant**ât**	Die 3. Person des *subjonctif imparfait* wird aus dem Infinitivstamm und den folgenden Endungen gebildet: -ât für alle Verben auf -er, -ît für alle Verben auf -ir und -(d)re.
finir beenden	qu'il fin**ît**	

dormir schlafen	qu'il dormît
attendre warten	qu'il attendît

Die unregelmäßigen Verben haben den gleichen Stamm wie im *passé simple*. Die Endungen der 3. Person Singular des *subjonctif imparfait* unterscheiden sich von den Endungen des *passé simple* nur durch den accent circonflexe.

Infinitiv	*passé simple*	*subjonctif imparfait*
mettre anziehen/legen	il mit	qu'il mît
lire lesen	il lut	qu'il lût
pouvoir können	il put	qu'il pût
faire machen	il fit	qu'il fît
avoir haben	il eut	qu'il eût
être sein	il fut	qu'il fût

4 Der Gebrauch des subjonctif

In den meisten Fällen brauchen Sie gar nicht darüber nachzudenken, ob Sie den *subjonctif* verwenden müssen oder nicht, denn eine Reihe von Verben, Ausdrücke und Konjunktionen erfordern den Gebrauch des *subjonctif* automatisch; das heißt, Sie müssen in diesen Fällen den *subjonctif* verwenden.

Den *subjonctif* brauchen Sie in Nebensätzen.

1. Den *subjonctif* müssen Sie in Nebensätzen nach Verben und Ausdrücken der Notwendigkeit, des Willens und des Wunsches verwenden:

Hauptsatz (Auslöser des *subjonctif*)	Nebensatz (mit dem Verb im *subjonctif*)	
Il faut	qu'elle fasse ses devoirs.	Es ist notwendig, dass …
Je veux	qu'elle fasse ses devoirs.	Ich will, dass …
J'aimerais	qu'elle fasse ses devoirs.	Ich möchte, dass …

Dazu zählen:

il faut / il faudrait que	es ist nötig/notwendig, dass
il est nécessaire/indispensable que	es ist nötig/notwendig, dass
il vaut / il vaudrait mieux que	es ist/wäre besser, dass
demander que	verlangen, dass
désirer que	wünschen, dass
interdire que	verbieten, dass
permettre que	erlauben, dass
préférer que	vorziehen, dass
proposer que	vorschlagen, dass
refuser que	ablehnen, dass
souhaiter que	wünschen, dass
vouloir que	wollen, dass

2. Auch nach Verben und Ausdrücken des Gefühls und der Bewertung müssen Sie den *subjonctif* verwenden:

Hauptsatz (Auslöser des *subjonctif*)	Nebensatz (Verb im *subjonctif*)	
Nous regrettons	que Marie ne **soit** pas là.	Wir bedauern, dass …
C'est dommage	qu'elle n'**ait** pas **téléphoné**.	Es ist schade, dass …

Dazu zählen außerdem:

c'est normal / il est normal que	es ist normal, dass
c'est dommage / il est dommage que	es ist schade, dass
c'est drôle / il est drôle que	es ist komisch, dass
il serait bon/utile/ inutile ... que	es wäre gut/nützlich/ unnötig …, dass
je trouve bizarre/drôle/ triste/amusant/ surprenant ... que	ich finde merkwürdig/komisch/ traurig/lustig/ erstaunlich …, dass
je suis heureux/content/ ravi/triste ... que	ich bin glücklich/froh/ entzückt/traurig …, dass
j'ai peur que	ich habe Angst, dass
je regrette que	ich bedaure, dass
je crains que	ich befürchte, dass
je m'étonne que	ich wundere mich, dass
je me réjouis que	ich freue mich, dass

cela m'amuse/m'étonne/ m'inquiète/ me surprend ... que	es amüsiert/erstaunt/ beunruhigt/ überrascht … mich, dass

Einen Nebensatz mit *subjonctif* verwenden Sie aber nur, wenn Haupt- und Nebensatz unterschiedliche Subjekte haben. (Hauptsatz: Subjekt – **je**; Nebensatz: Subjekt – **elle**)

Je veux qu'elle **vienne**.	Ich will, dass sie kommt.
Je suis heureuse qu'elle **parte**.	Ich bin froh, dass sie geht.

Haben sie dasselbe Subjekt, verwenden Sie nach den oben aufgelisteten Ausdrücken einen Infinitiv.

Je veux venir.	Ich will kommen.
Je suis heureuse de pouvoir partir.	Ich bin froh, fortgehen zu können.

3. Auch einige Konjunktionen lösen automatisch den *subjonctif* aus:

Hauptsatz	Nebensatz (auslösende Konjunktion – Verb im *subjonctif*)	
Elle est partie,	**bien qu'**elle **soit** malade.	obwohl … ist.
J'attends	**jusqu'à ce que** ma fille **vienne**.	bis … kommt.

Dazu zählen außerdem:

avant que	bevor
afin que	damit
bien que	obwohl
quoique	obwohl
malgré que	obwohl
pour que	damit
jusqu'à ce que	(solange) bis
en attendant que	(in der Zeit) bis
de façon que	sodass
sans que	ohne, dass
à condition que	unter der Bedingung, dass
pourvu que	wenn … nur

4. Nach Ausdrücken des Meinens, Sagens und Denkens steht im bejahten Satz der Indikativ, im verneinten Satz der *subjonctif*:

Je **crois** qu'elle **viendra** demain. Ich glaube, dass sie morgen kommt.	Je **ne crois pas** qu'elle **vienne** demain. Ich glaube nicht, dass sie morgen kommt.
Je **pense** qu'il **est** malade. Ich denke, er ist krank.	Je **ne pense pas** qu'il **soit** malade. Ich denke nicht, dass er krank ist.
J'**ai l'impression** qu'elle **a** raison. Ich habe den Eindruck, dass sie Recht hat.	Je n'**ai pas l'impression** qu'elle **ait** raison. Ich habe nicht den Eindruck, dass sie Recht hat.

Dazu zählen außerdem:

j'ai l'impression que	ich habe den Eindruck, dass	je n'ai pas l'impression que
je suis d'avis que	ich bin der Meinung, dass	je ne suis pas d'avis que
je t'assure que	ich versichere dir, dass	je ne t'assure pas que
je m'imagine que	ich stelle mir vor, dass	je ne m'imagine pas que
je prétends que	ich behaupte, dass	je ne prétends pas que
je trouve que	ich finde, dass	je ne trouve pas que
il est certain que	es ist sicher, dass	il n'est pas certain que
il est sûr que	es ist sicher, dass	il n'est pas sûr que
il est probable que	es ist wahrscheinlich, dass,	il n'est pas probable que
je suis sûr/certain/ convaincu que	ich bin sicher/ überzeugt, dass	je ne suis pas sûr/ certain/ convaincu que

71 Das conditionnel

1 Das conditionnel présent

Das *conditionnel présent* der meisten Verben auf **-er** und der Verben auf **-ir** bilden Sie aus dem Infinitiv und den Endungen: **-ais, -ais, -ait, -ions, -iez, -aient.**
Bei den Verben auf **-(d)re** fällt das **-e** des Infinitivs weg.
Die Endungen des *conditionnel présent* sind mit denen des *imparfait* identisch.

		chanter singen	dormir schlafen
Singular	je	chanterais	dormirais
	tu	chanterais	dormirais
	il/elle	chanterait	dormirait
Plural	nous	chanterions	dormirions
	vous	chanteriez	dormiriez
	ils/elles	chanteraient	dormiraient

		finir beenden	attendre warten
Singular	je/j'	finirais	attendrais
	tu	finirais	attendrais
	il/elle	finirait	attendrait
Plural	nous	finirions	attendrions
	vous	finiriez	attendriez
	ils/elles	finiraient	attendraient

⚠ Bei den Verben des Typs **acheter** und **appeler** und den Verben auf **-yer** bilden Sie das *conditionnel présent* aus dem Stamm der 1. Person Singular Präsens + -r- + Endung.

acheter kaufen	j'achète ich kaufe	j'achèterais ich würde kaufen
appeler (an)rufen	j'appelle ich rufe (an)	j'appellerais ich würde (an)rufen
tutoyer duzen	je tutoie ich duze	je tutoierais ich würde duzen

Aber:

préférer	je préfère	je préférerais
bevorzugen	ich bevorzuge	ich würde bevorzugen

Auch viele unregelmäßige Verben bilden die Formen des *conditionnel présent* aus dem Infinitiv und den Endungen des *conditionnel présent*. Eine Reihe von unregelmäßigen Verben haben aber einen besonderen Stamm für das *futur simple* und das *conditionnel présent*, z. B.:

	futur simple	*conditionnel présent*	
être	je **ser**ai	je **ser**ais	sein
faire	je **fer**ai	je **fer**ais	machen
avoir	j'**aur**ai	j'**aur**ais	haben

(Das *futur simple* ► NR. 62)

2 Das conditionnel passé

Das *conditionnel passé* bilden Sie mit den Hilfsverben avoir oder être im *conditionnel présent* und dem Partizip Perfekt des Vollverbs.

			chanter singen			partir weggehen/ abfahren
Singular	j'	**aurais**	chanté	je	**serais**	parti/partie
	tu	**aurais**	chanté	tu	**serais**	parti/partie
	il/elle	**aurait**	chanté	il	**serait**	parti
				elle	**serait**	partie
Plural	nous	**aurions**	chanté	nous	**serions**	partis/parties
	vous	**auriez**	chanté	vous	**seriez**	parti/partie/ partis/parties
	ils/elles	**auraient**	chanté	ils	**seraient**	partis
				elles	**seraient**	parties

3 Der Gebrauch des conditionnel

Das *conditionnel* verwenden Sie für:

Pourrais-tu m'aider, s'il te plaît? Könntest du mir bitte helfen?	höfliche Bitten und Fragen,
Moi, à ta place, je n'**irais** pas. Ich, an deiner Stelle, würde nicht dorthin gehen. Vous ne **devriez** pas attendre plus longtemps. Sie sollten/Ihr solltet nicht länger warten. Vous n'**auriez** pas **dû** m'attendre. Sie hätten/Ihr hättet nicht auf mich warten müssen.	Ratschläge,
J'**aimerais** bien passer une année en France. Ich würde gerne ein Jahr in Frankreich verbringen. L'argent qu'elle a gagné lui **permettrait** d'acheter une maison à la campagne. Das verdiente Geld gäbe ihr die Möglichkeit, ein Haus auf dem Land zu kaufen.	Wünsche und Möglichkeiten,
Tu **aurais pu** me le dire avant. Du hättest es mir früher sagen können.	Vorhaltungen und Vorwürfe,
Mon frère m'a dit qu'il **ferait** un grand voyage. Mein Bruder hat mir gesagt, dass er eine große Reise machen werde.	die indirekte Rede, wenn das Verb im Hauptsatz in der Vergangenheit steht. (► Nr. 98)

72 Das Passiv

1 Die Bildung des Passivs

Das Passiv bilden Sie mit dem Hilfsverb **être** und dem Partizip Perfekt des Vollverbs. Das Partizip Perfekt richtet sich dabei in Geschlecht und Zahl nach dem Subjekt.

Le spectacle **est mis** en scène par Savary. … wird inszeniert …
Das Schauspiel wird von Savary inszeniert.

La salle **a été ouverte** à 19 heures. … ist geöffnet worden …
Der Schauspielsaal ist um 19 Uhr geöffnet worden.

Les billets **ont été vendus** au prix de 50 €. … sind verkauft worden …
Die Eintrittskarten sind zu einem Preis von 50 Euro verkauft worden.

Auch im Passiv gibt es verschiedene Zeiten und Modi:

la chanson	**est chantée**	Präsens (Präsens von **être** + Partizip)
la chanson	**était chantée**	*imparfait* (*imparfait* von **être** + Partizip)
la chanson	**a été chantée**	*passé composé* (*passé composé* von **être** + Partizip)
la chanson	**avait été chantée**	Plusquamperfekt (Plusquamperfekt von **être** + Partizip)
que la chanson	**soit chantée**	*subjonctif présent* (*subjonctif présent* von **être** + Partizip)
la chanson	**serait chantée**	*conditionnel présent* (*conditionnel présent* von **être** + Partizip)

2 Der Passivsatz

Einen Passivsatz bilden Sie, indem Sie das direkte Objekt eines Satzes im Aktiv zum Subjekt machen und eine Passivform des Verbs verwenden.

Die Franzosen **haben** die Stadt Québec **gegründet**.
Les Français **ont fondé** la ville de Québec.

La ville de Québec **a été fondée** par les Français.
Die Stadt Québec **wurde** von den Franzosen **gegründet**.

Es gibt Passivsätze mit und ohne Nennung des Urhebers. Die Nennung des Urhebers erfolgt in der Regel mit **par**.

> **Cette chapelle a été construite en 1953.**
> Diese Kapelle wurde 1953 erbaut.
>
> **Cette chapelle a été construite par un architecte célèbre.**
> Diese Kapelle wurde von einem berühmten Architekten erbaut.

Nach einigen Partizipien, die einen Zustand ausdrücken, schließen Sie den Urheber mit **de** an.

> **Elle est accompagnée de ses parents.**
> Sie wird von ihren Eltern begleitet.
> **Il est respecté de ses élèves.**
> Sie wird von ihren Schülern respektiert.

Dazu zählen außerdem:

aimé de	geliebt von	connu de	gekannt von
détesté de	gehasst von	estimé de	geschätzt von
ignoré de	nicht gekannt von	oublié de	vergessen von

Der Passivsatz wird im Französischen seltener gebraucht als im Deutschen. Am häufigsten werden Passivsätze ohne Nennung des Urhebers verwendet.

Meistens verwendet man im Französischen die folgenden Alternativen zum Passiv:

Cette école a été fermée en 1993. Diese Schule wurde 1993 geschlossen. **On a fermé cette école en 1993.** Man hat diese Schule 1993 geschlossen.	einen Aktivsatz mit **on**,
Le livre a été très bien vendu. Das Buch ist sehr gut verkauft worden. **Ce livre s'est très bien vendu.** Dieses Buch hat sich sehr gut verkauft.	einen Aktivsatz mit einem reflexiven Verb,
Tous les ouvriers ont été renvoyés. Alle Arbeiter sind entlassen worden. **Tous les ouvriers se sont fait renvoyer.** Alle Arbeiter sind entlassen worden.	**se faire** + Verb im Infinitiv (Das geht nur, wenn das Subjekt ein menschliches Lebewesen ist.).

73 Die nichtkonjugierten Verbformen

Die nichtkonjugierten Formen des Verbs sind:

chanter, avoir, être	singen, haben, sein	der Infinitiv,
chantant, ayant, étant	singend, habend, seiend	das Partizip Präsens,
en chantant, en ayant, en étant		das *gérondif,*
chanté, eu, été	gesungen, gehabt, gewesen	das Partizip Perfekt.

1 Der Infinitiv

Der Infinitiv ist die Grundform des Verbs und die Form, die Sie im Wörterbuch finden. Er ist unveränderlich. An der Endung des Infinitivs können Sie erkennen, zu welcher Verbgruppe ein Verb gehört. Im Französischen unterscheidet man:

chanter, manger, appeler	singen, essen, (an)rufen	regelmäßige Verben
dormir, partir, sentir	schlafen, weggehen, fühlen	auf -er, -ir, -(d)re,
finir, choisir, réussir	beenden, auswählen, gelingen	
attendre, entendre, vendre	warten, hören, verkaufen	
faire, dire, pouvoir	machen, sagen, können	sowie unregelmäßige Verben.

2 Das Partizip Präsens

Sie bilden das Partizip Präsens aus dem Stamm der 1. Person Plural Präsens, an den Sie die Endung -ant anhängen. Das Partizip Präsens ist unveränderlich.

1.

Infinitiv	Präsens	Partizip Präsens	
parler	nous **parl**ons	**parlant**	sprechend
manger	nous **mange**ons	**mangeant**	essend
finir	nous **finiss**ons	**finissant**	beendend
dormir	nous **dorm**ons	**dormant**	schlafend
attendre	nous **attend**ons	**attendant**	wartend
vouloir	nous **voul**ons	**voulant**	wollend

Die Bildung des Partizip Präsens ist mit drei Ausnahmen für alle Verben regelmäßig. Nur diese drei Verben bilden ein unregelmäßiges Partizip Präsens.

avoir	ayant	habend
être	étant	seiend
savoir	sachant	wissend

Das Partizip Präsens hat eine Vergangenheitsform:

parlant	ayant parlé	gesprochen habend
allant	étant allé/e	gegangen/gefahren seiend

Die Vergangenheitsform bilden Sie aus dem Partizip Präsens des Hilfsverbs (**avoir** oder **être**) und dem Partizip Perfekt des Verbs.

Das Partizip der Verben, die die Vergangenheitsform mit **étant** bilden, müssen Sie in Geschlecht und Zahl an das Subjekt anpassen.
Étant partie avant 8 heures, elle n'a pas fait la connaissance de M. Dupont.

Da sie vor 8 Uhr gegangen ist, hat sie nicht Herrn Dupont kennen gelernt.

Das Partizip Präsens wird wie andere Verbformen in die Verneinungsklammer eingeschlossen.

Ne parlant pas japonais, elle n'a rien compris.
Da sie kein Japanisch spricht, hat sie nichts verstanden.

Das Partizip Präsens steht normalerweise nicht alleine; es wird zusammen mit einer Ergänzung oder mit Adverbien verwendet.

Ayant travaillé toute la nuit, elle voulait dormir plus longtemps.
Da sie die ganze Nacht gearbeitet hat, wollte sie länger schlafen.

2. Der Gebrauch des Partizip Präsens

Eine Satzkonstruktion mit dem Partizip Präsens steht für Nebensätze:

- die einen Grund angeben und mit **comme**, **parce que** oder **puisque** beginnen,

Voulant gagner la compétition à tout prix, Joëlle s'entraîne tous les jours.
Comme elle veut gagner la compétition ...
Da Joëlle den Wettkampf um jeden Preis gewinnen will, trainiert sie täglich.

- die die Gleichzeitigkeit von zwei Vorgängen oder Handlungen ausdrücken.

Regardant par la fenêtre, il voyait les enfants dans le jardin.
Quand il regardait par la fenêtre ...
Wenn er aus dem Fenster schaute, sah er die Kinder im Garten.

- Es steht außerdem für Relativsätze mit qui.

Famille **parlant allemand** cherche jeune fille au pair.
Famille **qui parle allemand** ...
Deutschsprechende Familie sucht Aupairmädchen.

Das Partizip Präsens ist zeitlich neutral. Es kann also in Verbindung mit allen Zeiten stehen.

Das Partizip Präsens wird vorwiegend im geschriebenen Französisch verwendet, selten in der gesprochenen Sprache.

3 Das gérondif

1. Mit en und dem Partizip Präsens bilden Sie das *gérondif*.

parlant	**en parlant**
mangeant	**en mangeant**

Das *gérondif* ist unveränderlich.

In der Verneinungsklammer steht nur die Verbform, nicht das en.
En **ne fumant pas**, je me porte mieux.
Wenn ich nicht rauche, fühle ich mich besser.

Im Unterschied zum Partizip Präsens kann das *gérondif* auch alleine, ohne weitere Ergänzung stehen.
Elle fait son travail **en souriant**.
Sie macht ihre Arbeit und lächelt dabei.

2. Der Gebrauch des *gérondif*

Das *gérondif* kann für verschiedene Nebensätze stehen und ist im geschriebenen und gesprochenen Französisch sehr geläufig. Es ist zeitlich neutral und kann in Verbindung mit allen Zeiten stehen.

> **En écrivant** son roman, elle fumait toujours.
> Sie rauchte immer, **während** sie ihren Roman schrieb.

> **En fouillant** les papiers, j'ai trouvé le contrat.
> **Beim** durchsuchen der Papiere, fand ich den Vertrag.

Mit dem *gérondif* können Sie die Gleichzeitigkeit von Handlungen oder Ereignissen ausdrücken. Das *gérondif* ersetzt dann Nebensätze mit **pendant que** und **quand** oder auch Hauptsätze, die durch **et** verbunden sind.

C'est **en forgeant** qu'on devient forgeron.
Übung macht den Meister.

> **En travaillant** comme professeur il gagnerait davantage.
> **Wenn** er als Lehrer arbeiten würde, würde er mehr verdienen.

Mit dem *gérondif* können Sie Bedingungen oder Annahmen ausdrücken. Es ersetzt dann einen Nebensatz mit **si**.

> **En regardant** la télé française, elle a fait des progrès.
> **Indem** sie französisches Fernsehen schaute, hat sie Fortschritte gemacht.

Mit dem *gérondif* können Sie die Art und Weise, wie eine Handlung geschieht, beschreiben.

> **En partant** lundi, **nous** éviterons les embouteillages.
> Si **nous** partons lundi, **nous** ...
> Wenn wir am Montag fahren, vermeiden wir den Stau.

Das *gérondif* bezieht sich immer auf das Subjekt des Hauptsatzes.

L'appétit vient **en mangeant**. (= quand on mange)
Der Appetit kommt beim Essen.

La fortune vient **en dormant**. (= quand on dort)
Das Glück kommt im Schlaf.

C'est la première porte à gauche **en sortant**. (= quand on sort)
Es ist die erste Tür links, wenn man hinausgeht.

Nur in einigen festen Redewendungen und Sprichwörtern bezieht sich das *gérondif* nicht auf das Subjekt des Satzes.

4 Das Partizip Perfekt

1. Das Partizip Perfekt besteht aus einem Stamm und einer Endung. Es ist nach Geschlecht und Zahl veränderlich.

Infinitiv	Partizip Perfekt		
regarder	**regardé**	gesehen	Die Partizipien Perfekt der Verben
manger	**mangé**	gegessen	auf -**er** bilden Sie mit -**é**,
finir	**fini**	beendet	die Partizipien der regelmäßigen
dormir	**dormi**	geschlafen	Verben auf -**ir** bilden Sie mit -**i**,
attendre	**attendu**	gewartet	die der regelmäßigen Verben auf
vendre	**vendu**	verkauft	-**(d)re** bilden Sie mit -**u**.
faire	**fait**	gemacht	Die Partizipien der wichtigsten unre-
dire	**dit**	gesagt	gelmäßigen Verben finden Sie in der
pouvoir	**pu**	gekonnt	Liste der unregelmäßigen Verben.
			(► Anhang 4.1)

2. Die Veränderlichkeit des Partizip Perfekts

Das Partizip Perfekt wird zur Bildung der zusammengesetzten Zeiten und des Passivs mit den Hilfsverben **être** und **avoir** verwendet.

Il **a mangé**. *(passé composé)*
Er hat gegessen.

Elle **avait voulu** aller seule. (Plusquamperfekt)
Sie wollte alleine gehen/fahren.

Quand elle aura quitté son poste à la SNCF, elle travaillera ailleurs. Wenn sie ihre Stelle bei der SNCF aufgegeben haben wird, wird sie woanders arbeiten.	*(futur antérieur)*
La chanson est interprétée par Renaud. Das Lied wird von Renaud gesungen.	(Passiv)

Das Partizip Perfekt ist veränderlich. Sie gleichen es wie ein Adjektiv in Geschlecht und Zahl dem Subjekt an:

Il est monté. Er ist hinaufgegangen.	keine Veränderung für die maskuline Singularform,
Elle est montée. Sie ist hinaufgegangen.	die feminine Singularform bilden Sie mit -e,
Ils sont montés. Sie (m. Pl.) sind hinaufgegangen.	die maskuline Pluralform bilden Sie mit -s,
Elles sont montées. Sie (f. Pl.) sind hinaufgegangen.	die feminine Pluralform bilden Sie mit -es.

Sie verändern das Partizip Perfekt in den zusammengesetzten Zeiten aber nur in drei Fällen:

Pierre: «Je suis allé au cinéma.» — nach dem Hilfsverb être,
Pierre: „Ich bin ins Kino gegangen."

Isabelle: «Je suis allée au cinéma.»
Isabelle: „Ich bin ins Kino gegangen."

Pierre et Jean: «Nous sommes sortis le soir.»
Pierre und Jean: „Wir sind am Abend ausgegangen."

Isabelle et Charlotte: «Nous sommes sorties le soir.»
Isabelle und Charlotte: „Wird sind am Abend ausgegangen."

Ils sont partis hier matin.
Sie (m. Pl.) sind gestern Morgen (weg)gegangen/-gefahren.

Elles sont parties hier matin.
Sie (f. Pl.) sind gestern Morgen (weg)gegangen./-gefahren.

Il **s'est promené**. Er ist spazieren gegangen. Elle **s'est promenée**. Sie ist spazieren gegangen. Ils **se sont promenés**. Sie (m. Pl.) sind spazieren gegangen. Elles **se sont promenées**. Sie (f. Pl.) sind spazieren gegangen.	bei reflexiven Verben, die in den zusammengesetzten Zeiten immer das Hilfsverb **être** haben, aber nur, wenn das Reflexivpronomen direktes Objekt im Satz ist, (► NR. 75.1)
• Tu as écouté la cassette? Hast du die Kassette gehört? – Non, je ne **l'**ai pas écouté**e**. Nein, ich habe sie nicht gehört.	nach dem Hilfsverb **avoir**, wenn dem Verb ein direktes Objekt vorangeht.

Das direkte Objekt kann nur in drei Fällen dem Verb vorangehen:

Isabelle et Charlotte? Je **les** ai rencontré**es** hier soir. Isabelle und Charlotte? Ich habe sie gestern Abend getroffen.	als direktes Objektpronomen (► NR. 41.1),
Voilà **les photos qu'**elle a pris**es** pendant les vacances. Hier sind die Fotos, die sie während der Ferien gemacht hat.	im Relativsatz mit **que**,
Quelle **chanson** est-ce que tu as aimé**e**? Welches Lied hat dir gefallen? Combien de **langues** est-ce que vous avez appris**es**? Wie viele Sprachen haben Sie gelernt?	in der Frage nach dem direkten Objekt (mit **quel** oder **combien de**).

In allen anderen Fällen wird das Partizip Perfekt nach dem Hilfsverb **avoir** nicht verändert.

74 Das Verb und seine Ergänzungen

Verben können verschiedene Ergänzungen haben:

Ils regardent le film. Sie schauen den Film.	direkte Objekte,
Elle répond à la question. Sie antwortet auf die Frage.	indirekte Objekte mit **à**,
Je parle de mes vacances. Ich rede über meine Ferien.	indirekte Objekte mit **de**,
Elle joue avec son frère. Sie spielt mit ihrem Bruder.	indirekte Objekte mit anderen Präpositionen,
Il aime jouer aux cartes. Er spielt gerne Karten.	Infinitivergänzungen ohne Präposition,
Il apprend à nager. Er lernt schwimmen.	Infinitivergänzungen mit **à**,
Il s'est arrêté de fumer. Er hat aufgehört zu rauchen.	Infinitivergänzungen mit **de**.

Bei einigen Verben können mehrere Ergänzungen gleichzeitig stehen:

Sylvie donne son livre à Jacques. Sylvie gibt Jacques ihr Buch.	direktes Objekt und indirektes Objekt mit **à**,

J'ai informé mes collègues de mon départ. Ich habe meine Kollegen von meinem Weggang unterrichtet.	direktes Objekt und indirektes Objekt mit **de**,
Elle persuade son ami de venir. Sie überzeugt ihren Freund zu kommen.	direktes Objekt und Infinitivergänzung mit **de**,
Il propose à sa femme d'aller au cinéma. Er schlägt seiner Frau vor, ins Kino zu gehen.	indirektes Objekt und Infinitivergänzung mit **de**.

Welche Objekte ein Verb haben kann, wird normalerweise folgendermaßen angegeben:
apprendre qc à qn – jdm etw. beibringen
Das bedeutet, **apprendre** kann ein direktes und ein indirektes Objekt haben.

qc (etwas)	direktes Objekt (Sache)
à qc	indirektes Objekt mit à (Sache)
de qc	indirektes Objekt mit **de** (Sache)
qn (jemand)	direktes Objekt (Person)
à qn	indirektes Objekt mit à (Person)
de qn	indirektes Objekt mit **de** (Person)

Mögliche Infinitivergänzungen werden unterschiedlich angegeben:
apprendre à qn à faire qc oder **apprendre à qn à** (+ Inf.) jdm beibringen, etw. zu tun

(+ Inf.)	oder	faire qc	Infinitivergänzung ohne Präposition
à (+ Inf.)	oder	à faire qc	Infinitivergänzung mit à
de (+ Inf.)	oder	de faire qc	Infinitivergänzung mit **de**

Manche Verben haben mit unterschiedlichen Ergänzungen auch unterschiedliche Bedeutungen, weshalb es sehr wichtig ist, die Ergänzungen eines Verbs zu kennen.

Elle **pense partir** demain.	Sie hat vor, morgen abzufahren.
Elle **pense à** son ami.	Sie denkt an ihren Freund.

Es gibt keine allgemeinen Regeln dafür, welche Präposition Sie zwischen Verb und Objekt oder Verb und Infinitiv verwenden müssen.

Am besten lernen Sie die Präposition und ihre Ergänzung mit dem Verb – so wie Sie auch den bestimmten Artikel mit dem Nomen lernen.

(Liste der wichtigsten Verben mit ihren Ergänzungen ► Anhang 5)

75 Die reflexiven Verben

Reflexive Verben sind Verben, die von einem Reflexivpronomen begleitet werden: **se tromper** – sich irren, **s'habiller** – sich anziehen.

Je me trompe.	**Ich** irre **mich**.
Il s'habille.	**Er** zieht **sich** an.

Das Objektpronomen weist immer auf die gleiche Person wie das Subjekt.

		se	tromper sich irren	s'	appeler heißen
Singular	je	**me**	trompe	**m'**	appelle
	tu	**te**	trompes	**t'**	appelles
	il/elle	**se**	trompe	**s'**	appelle
Plural	nous	**nous**	trompons	**nous**	appelons
	vous	**vous**	trompez	**vous**	appelez
	ils/elles	**se**	trompent	**s'**	appellent

Die Reflexivpronomen **me, te, se** werden vor Vokal und stummem **h** zu **m', t', s'** verkürzt.

Promène-**toi**.	Geh spazieren.
Promenons-**nous**.	Gehen wir spazieren.
Promenez-**vous**.	Geht/Gehen Sie spazieren.

Beim bejahten Imperativ heißt das Reflexivpronomen der Singularform **toi** statt **te**.

1 Die reflexiven Verben im passé composé

Reflexive Verben bilden die zusammengesetzten Zeiten mit dem Hilfsverb **être**.

Elle s'**est** lavée.	Sie hat sich gewaschen.
Ils se **sont** habillés.	Sie haben sich angezogen.

Das Partizip Perfekt wird dem Subjekt angeglichen, wenn das Reflexivpronomen direktes Objekt ist.

Elle s'est lavé**e**.
(**Wen** oder **was** hat sie gewaschen? Sich = **direktes** Objekt)

Ist das Reflexivpronomen aber indirektes Objekt, wird das Partizip Perfekt dem Subjekt nicht angeglichen.

Elle s'est lavé les mains.
Sie hat sich die Hände gewaschen.
(Wen oder was hat sie gewaschen? Die Hände = direktes Objekt)
(Wem hat sie die Hände gewaschen? Sich = indirektes Objekt)

2 Reflexives Verb oder nicht?

Nicht jedes französische reflexive Verb hat im Deutschen auch eine reflexive Entsprechung, z. B.:

s'appeler	heißen	se lever	aufstehen
s'arrêter	stehen bleiben	se marier	heiraten
se baigner	baden	se méfier de qn/qc	jdm/etw. misstrauen
se douter de qc	etw. ahnen	se noyer	ertrinken
s'en aller	fortgehen	se réaliser	wahr werden
s'endormir	einschlafen	se réveiller	wach werden
s'enfuir	fliehen	se taire	schweigen

Umgekehrt entspricht auch nicht jedem deutschen reflexiven Verb ein französisches reflexives Verb, z. B.:

sich bewegen	bouger	sich verändern	changer
sich schämen	avoir honte	sich verdoppeln	doubler
sich scheiden lassen	divorcer	sich Zeit lassen	prendre son temps

Die Negation

76 Einleitung

Sätze können bejaht (**Elle travaille.**) oder verneint (**Elle ne travaille pas.**) sein.

Im Französischen gibt es mehrere Verneinungswörter:

ne ... pas, ne ... plus, ne ... jamais	nicht, nicht mehr, nie
ne ... personne, ne ... rien	niemand, nichts
ne ... ni ... ni	weder … noch (die doppelte Verneinung)
ne ... que	nur, erst (die Einschränkung)

77 Die Verneinung mit *ne ... pas, ne ... plus, ne ... jamais*

1 Formen

Im Französischen besteht die Verneinung aus zwei Teilen:

Sophie ne travaille pas. Sophie arbeitet nicht.	**ne ... pas**
Sophie ne travaille plus. Sophie arbeitet nicht mehr.	**ne ... plus**
Sophie ne travaille jamais. Sophie arbeitet nie.	**ne ... jamais**

ne stellen Sie vor die konjugierte Form des Verbs, **pas/plus/jamais** dahinter, sodass das Verb wie von einer Klammer umschlossen ist. Deshalb spricht man auch von der „Verneinungsklammer".

Vor Vokal und stummem **h** apostrophieren Sie **ne** zu **n'**.

N'utilisez pas cet ascenseur.	Benutzen Sie/Benutzt diesen Fahrstuhl nicht.
Elle n'habite pas ici.	Sie wohnt nicht hier.

ne ... pas können Sie mit **du tout**, **non plus** und **encore** verstärken.

Monique n'aime pas du tout la musique pop.	Monique mag Popmusik überhaupt nicht.
Elle n'aime pas non plus le rap.	Sie mag Rap auch nicht.
Je n'ai pas encore mangé à la cantine.	Ich habe noch nicht in der Kantine gegessen.

ne ... plus können Sie mit **jamais** und **du tout** verstärken.

Je ne ferai plus jamais la vaisselle!
Ich werde nie wieder abwaschen!

Il n'a plus du tout envie de travailler.
Er hat überhaupt keine Lust mehr zu arbeiten.

Im gesprochenen Französisch hören Sie häufig Sätze, in denen das **ne** weggelassen wird. Beim Schreiben dürfen Sie das **ne** aber keinesfalls weglassen.

C'est pas vrai.	Das ist nicht wahr.
Elle t'écoute plus.	Sie hört dir nicht mehr zu.
Il danse jamais.	Er tanzt nie.

· Er redet nicht mehr mit mir. – Das ist nicht wahr! · Er schaut mich nicht einmal an.

2 Die Stellung der Verneinungswörter *ne ... pas, ne ... plus, ne ... jamais*

In den einfachen Zeiten (Präsens, *imparfait*, *futur simple* usw.) umschließt die Verneinungsklammer das Verb.

Jérôme ne lit pas.	Jérôme liest nicht.
À l'école, il n'allait pas à la cantine.	In der Schule ging er nicht in die Kantine.
Il ne viendra pas à la réunion.	Er wird nicht zur Sitzung kommen.

In den zusammengesetzten Zeiten (*passé composé*, *futur composé*, Plusquamperfekt usw.) umschließt die Verneinungsklammer das Hilfsverb.

Il **ne** va **pas** venir demain.	Er wird morgen nicht kommen.
Elle **n'**avait **pas** pris de vacances.	Sie hatte keinen Urlaub genommen.

In Sätzen mit Modalverben umschließt die Verneinungsklammer das Modalverb. Bei Inversionsfragen umschließt die Verneinungsklammer das Verb mit dem nachgestellten Subjektpronomen.

Il **ne** peut **pas** venir.	Er kann nicht kommen.
N'a-t-il **pas** téléphoné?	Hat er nicht angerufen?

Reflexivpronomen, Objektpronomen, y und en stehen innerhalb der Verneinungsklammer.

Ausnahme: Im *futur composé* und in Sätzen mit Modalverben stehen die Pronomen vor dem Infinitiv und deshalb außerhalb der Verneinungsklammer.

Ils	**ne**	se	promènent	**pas.**		
						Sie gehen nicht spazieren.
Elle	**ne**	lui	téléphone	**plus.**		
						Sie ruft ihn/sie nicht mehr an.
Je	**n'**	y	vais	**pas.**		
						Ich gehe/fahre nicht dorthin.
Il	**n'**	en	prend	**plus.**		
						Er nimmt davon nichts mehr.
Il	**ne**		veut	**plus**	se	promener.
						Er möchte nicht mehr spazieren gehen.
Elle	**ne**		va	**plus**	lui	téléphoner.
						Sie wird ihn/sie nicht mehr anrufen.

Wollen Sie einen Infinitiv verneinen, so stellen Sie die Verneinungswörter zusammen vor den Infinitiv.

Ne pas ouvrir la porte, s.v.p.	Bitte die Tür nicht öffnen.
Ne pas se pencher dehors.	Nicht hinauslehnen.
Il vaut mieux **ne pas** le dire.	Es ist besser, das nicht zu sagen.

78 Die Verneinung mit *ne ... personne, ne ... rien, ne ... aucun*

Diese Verneinungswörter können als Subjekt oder als Ergänzung im Satz verwendet werden.

1 Verwendung als Subjekt

Sind **personne**, **rien** oder **aucun** Subjekt des Satzes, so stellen Sie diese Verneinungswörter zusammen mit **ne** vor das Verb.

Personne n'est venu.	**Niemand** ist gekommen.
Rien ne s'est passé.	**Nichts** ist passiert.

aucun ist veränderlich und wird dem Geschlecht des Nomens angepaßt, das es vertritt. (Hier: la photo = aucune)

J'ai regardé les photos. **Aucune ne** m'a plu.	Ich habe die Fotos angeschaut. **Keins** hat mir gefallen.

2 Verwendung als Ergänzung

Als Ergänzungen bilden diese Verneinungswörter eine Klammer genauso wie **ne ... pas**, **ne ... plus**, **ne ... jamais**. (► NR. 77)
personne und **rien** können Sie auch mit Präpositionen kombinieren.

Je **ne** vois **personne**.	Ich sehe **niemanden**.
Je **ne** parle **à personne**.	Ich spreche **mit niemandem**.
Je **ne** fais **rien**.	Ich mache **nichts**.
Je **ne** pense **à rien**.	Ich denke **an nichts**.

Als Ergänzung kann **aucun** nicht alleine stehen. Es wird von einer **de**-Ergänzung oder dem Pronomen **en** begleitet.

Il **n'**achète **aucun de** ces CD.	Er kauft keine dieser CDs.
Il **n'en** achète **aucun**.	Er kauft keine davon.

3 Die Stellung von *ne … rien*

ne … rien umschließt die konjugierte Form des Verbs.

Elle n' a rien entendu.	Sie hat nichts verstanden.
Elle ne veut rien faire.	Sie will nichts machen.

In Verbindung mit einer Präposition steht rien aber hinter dem Partizip oder Infinitiv.

Il ne s'est souvenu de rien.	Er hat sich an nichts erinnert.
Il ne veut penser à rien.	Er will an nichts denken.

rien können Sie mit du tout verstärken. In den einfachen Zeiten (Präsens, *imparfait* usw.) stellen Sie rien und du tout zusammen hinter das Verb.

Je ne vois rien du tout.
Ich sehe gar nichts.

In den zusammengesetzten Zeiten und in Sätzen mit Modalverben steht das Partizip bzw. Infinitiv zwischen rien und du tout.

Il n'a rien fait du tout.	Er hat gar nichts gemacht.
Il ne veut rien faire du tout.	Er will gar nichts machen.

4 Die Stellung von *ne … personne* und *ne … aucun*

In den zusammengesetzten Zeiten stellen Sie personne und aucun hinter das Partizip.

Je n'ai vu personne.	Ich habe niemanden gesehen.
Il n'a lu aucun de ces dossiers.	Er hat keine dieser Akten gelesen.

In Sätzen mit Modalverben stellen Sie personne und aucun hinter den Infinitiv.

Elle ne veut rencontrer personne.	Sie möchte niemanden treffen.
Elle ne veut lire aucun de ces dossiers.	Sie möchte keine dieser Akten lesen.

In der Inversionsfrage können Sie Verb und nachfolgendes Subjektpronomen nicht voneinander trennen. Das Subjektpronomen steht deshalb **immer** innerhalb der Verneinungsklammer.

⚠ **Ne** va-t-il **rien** faire?	Wird er nichts machen?
Pourquoi **ne** parle-t-elle **à personne**?	Warum spricht sie mit niemandem?
N'avez-vous écouté **aucun** de ces CD?	Haben Sie/Habt ihr keine dieser CDs gehört?

79 Gebrauch der Verneinungswörter in positiver Bedeutung

Einige Verneinungswörter können Sie, anders als im Deutschen, mit positiver Bedeutung verwenden. Sie verwenden sie dann ohne **ne**.

C'est le plus beau roman que j'aie **jamais** lu.	Das ist der schönste Roman, den ich **jemals** gelesen habe.
Si **jamais** je l'attrape ...	Wenn ich ihn/sie **jemals** erwische ...
C'est fini **à tout jamais**.	Es ist **für immer** zu Ende.
Vous le savez mieux que **personne**.	Sie wissen/Ihr wisst das besser als **irgendein** anderer.
Est-ce que vous avez **aucune** idée?	Haben Sie/Habt ihr **irgendeine** Idee?

In einem verneinten französischen Satz verwenden Sie im Unterschied zum Deutschen die verneinten unbestimmten Pronomen.

Elle **n'**a **jamais rien** entendu d'aussi bête.	Sie hat **nie etwas** so Dummes gehört.
Elle **ne** parlera **jamais** de cette rencontre **à personne**.	Sie wird über diese Begegnung nie mit **jemandem** sprechen.
Personne ne comprendra **jamais** sa peur.	**Niemand** wird **je** ihre/seine Angst verstehen.

80 Die Verneinung nur mit *pas*

Wenn Sie nur einen Satzteil und nicht den ganzen Satz verneinen wollen, lassen Sie **ne** weg und stellen **pas** vor den Satzteil, den Sie verneinen wollen.

Elle est suisse, **pas** italienne.	Sie ist Schweizerin, nicht Italienerin.
Je travaille dans un bureau **pas** loin du centre.	Ich arbeite in einem Büro, das nicht weit vom Zentrum ist.
Nous partons aujourd'hui, **pas** demain.	Wir fahren heute ab, nicht morgen.

81 Die Verneinung nur mit *ne*

Mit einigen Verben steht häufig nur die Verneinung mit **ne**, ohne **pas**.

cesser de	Il **ne** cesse de parler.	Er hört nicht auf zu reden.
oser	Elle **n'**ose prendre la parole.	Sie traut sich nicht, das Wort zu ergreifen.
pouvoir	Il **ne** peut leur pardonner.	Er kann ihnen nicht verzeihen.
savoir	Je te l'ai expliqué je **ne** sais combien de fois!	Ich weiß nicht, wie oft ich es dir schon erklärt habe!

Auch in folgenden festen Wendungen steht **ne** immer alleine:

N'importe qui	irgendwer
Si je **ne** me trompe ...	Wenn ich mich nicht irre ...

82 Die Verneinung mit *ne ... ni ... ni*

Die Verneinung ne ... ni ... ni (weder ... noch) besteht aus drei Teilen. ne steht vor der konjugierten Form des Verbs, ni vor den Satzteilen, die Sie verneinen wollen.

Elle **n'**est **ni** blonde **ni** brune.	Sie ist weder blond noch brünett.
Elle **n'**aime **ni** le sport **ni** les promenades.	Sie mag weder Sport noch Spaziergänge.
Ni Luc **ni** Marie **ne** connaissent le Portugal.	Weder Luc noch Marie kennen Portugal.

Wenn Sie zwei Verben verneinen wollen, stellen Sie vor das erste Verb ne und vor das zweite Verb ni ne.

Elle **ne** veut **ni ne** peut participer à ce cours.	Sie will und kann nicht an diesem Kurs teilnehmen.

Im gesprochenen Französisch hören Sie häufig statt ne ... ni ... ni Verneinungen mit ne ... pas ... non plus oder ne ... pas ... ni.

Luc **ne** connaît **pas** le Portugal. Marie **non plus.**	Luc kennt Portugal nicht. Marie auch nicht.
Elle **n'**aime **pas** le sport **ni** les promenades.	Sie mag weder Sport noch Spaziergänge.

In festen Redewendungen wird ne ... ni ... ni aber sehr häufig verwendet.

Ne dire **ni** oui **ni** non.	Weder ja noch nein sagen.
Je **ne** connais **ni** l'un **ni** l'autre.	Ich kenne weder den einen noch den anderen/die andere.

⚠

• Tu as **du** café et **du** chocolat?	Hast du Kaffee und Schokolade?
– Je n'ai **ni** café **ni** chocolat.	Ich habe weder Kaffee noch Schokolade.

In einem verneinten Satz steht nach ni kein Teilungsartikel.

83 Die Einschränkung mit *ne ... que*

Mit **ne ... que** können Sie Einschränkungen ausdrücken. **ne ... que** entspricht im Deutschen „nur" und „erst". **ne** steht vor der konjugierten Form des Verbs, **que** vor dem Satzteil, den Sie einschränken wollen.

Elle **ne** m'écrit **qu'**une fois par an.	Sie schreibt mir **nur** einmal im Jahr.
Il **n'**y a **qu'**un métier qui l'intéresse: journaliste.	Es gibt **nur** einen Beruf, der sie /ihn interessiert: …
Je **ne** voudrais manger **qu'**une salade.	Ich möchte **nur** einen Salat essen.
Il **n'**a **que** 17 ans.	Er ist **erst** 17 Jahre alt.
Il **n'**arrive **qu'**à 8 heures.	Er kommt **erst** um 8 Uhr.

Ein Subjekt oder ein Verb können Sie allerdings nicht mit **ne ... que** einschränken. Ein Subjekt können Sie mit **seul/e** oder der Umschreibung **il n'y a que** + Nomen + **qui** + Verb im *subjonctif* einschränken.

Seul Daniel peut venir. **Il n'y a que** Daniel **qui** puisse venir.	Nur Daniel kann kommen.

Ein Verb können Sie mit **seulement** oder mit der Umschreibung **ne faire que** + Verb im Infinitiv einschränken.

Il regarde **seulement**. Il **ne fait que** regarder.	Er guckt nur.

⚠ Verwechseln Sie nicht:

Seul Frédéric travaille.	**Nur** Frédéric arbeitet.	Hier bezieht sich seul auf Frédéric.
Frédéric travaille **seul**.	Frédéric arbeitet **alleine**.	Hier bezieht sich seul auf travaille.

Merken Sie sich folgende feste Wendungen mit **ne ... que**:

Tu n'as qu'à écrire.	Du brauchst nur zu schreiben.
Il ne me reste qu'à partir.	Es bleibt mir nichts anderes übrig als zu gehen.
Il ne pense qu'à faire des bêtises.	Er hat nichts anderes als Dummheiten im Kopf.

Die Präpositionen

84 Die Formen der Präpositionen

Präpositionen (z. B. über, unter, vor) bezeichnen das Verhältnis von Personen oder Dingen zueinander und heißen deshalb auf Deutsch auch Verhältniswörter. Es gibt Präpositionen, die aus einem Wort bestehen.

à	avec	dans	sur	entre	parmi
zu/in/nach	mit	in	auf/über	zwischen	unter

avant	après	chez	de	devant	hors
vor	nach	bei	von	vor	außerhalb

sous	contre	derrière	en	jusque	dès
unter	gegen	hinter	in/an	bis	seit

Und es gibt präpositionale Ausdrücke, die aus mehreren Wörtern bestehen.

à cause de	à gauche de	au-dessous de	grâce à
wegen	links	unter	dank

à côté	à partir de	en dehors de	jusqu'à
neben	ab	außer(halb)	bis zu

à droite de	à travers	en face de	loin de
rechts	durch	gegenüber	weit von

Die Präpositionen **à** und **de** müssen – auch wenn sie Teil eines präpositionalen Ausdrucks sind – mit den nachfolgenden bestimmten Artikeln **le** oder **les** zusammengezogen werden.

Il va	**au**	zoo.	Er geht in den Zoo.
Le zoo se trouve	**près du**	parc.	Der Zoo befindet sich nahe des Parkes.
Pierre va	**jusqu'au**	zoo.	Pierre geht bis zum Zoo.

Aber:

Il va	**à l'**	école.	Er geht zur Schule.
Elle se trouve	**près de l'**	église.	Sie befindet sich nahe der Kirche.
Ils vont	**jusqu'à la**	gare.	Sie gehen/fahren bis zum Bahnhof.

Mit den bestimmten Artikeln **la** oder **l'** werden **à** und **de** nicht zusammengezogen. (Der zusammengezogene Artikel ► Nr. 8.2)

Außer **à** und **de** sind alle anderen Präpositionen unveränderlich.

85 Die Verwendung der Präpositionen

Mit Hilfe von Präpositionen können Sie:

Il chante **depuis** des heures. Er singt seit Stunden.	… **seit** Stunden	eine Zeitdauer,
Elle est née **au** mois de mai. Sie ist im Mai geboren.	… **im** Mai	einen Zeitpunkt,
Il habite **à** Marseille. Er wohnt in Marseille.	… **in** Marseille	einen Ort,
Elle va **à** Bordeaux. Sie geht/fährt nach Bordeaux.	… **nach** Bordeaux	eine Richtung,
Elle a fait cela **à** la main. Sie hat das mit der Hand gemacht.	… **mit** der Hand	das Mittel,
Nous rentrons **à cause de** la pluie. Wir gehen wegen des Regens nach Hause.	… **wegen** des Regens	einen Grund,
La chaise est **en** bois. Der Stuhl ist aus Holz.	… **aus** Holz	das Material angeben.

Après avoir rangé l'appartement, il sort.	Nachdem er die Wohnung aufgeräumt hat, geht er raus.
Avant de sortir, il téléphone à son ami.	Bevor er rausgeht, ruft er seinen Freund an.

Die Präpositionen **avant de**, **après**, **pour**, und **sans** können Sie auch vor Infinitiven verwenden. Diese französischen Infinitivkonstruktionen übersetzen Sie mit einem Nebensatz ins Deutsche.

Il sort **pour faire les courses**.	Er geht raus, um einkaufen zu gehen.
Il est parti **sans prendre d'argent**.	Er ist gegangen, ohne Geld mitzunehmen.

86 Der Gebrauch einiger Präpositionen

Hier finden Sie die häufigsten Präpositionen und ihren Gebrauch.

1. So können Sie einen Ort angeben (Frage: Wo?):

à la campagne	**auf** dem Land
à la maison	**zu** Hause
à Paris	**in** Paris
à côté de l'école	**neben** der Schule
à droite de / à gauche de la piscine	**rechts/links vom** Schwimmbad
au milieu de la ville	**inmitten** der Stadt
autour de la ville	**um** die Stadt **herum**
chez Valérie	**bei** Valérie
dans la cuisine	**in** der Küche
dans la rue	**auf** der Strasse
de Paris/France	**aus** Paris/Frankreich
de Metz **à** Nancy	**von** Metz **bis** Nancy
derrière la maison	**hinter** dem Haus
devant la maison	**vor** dem Haus
en France/Normandie	**in** Frankreich / **in** der Normandie
en ville	**in** der Stadt
entre Grenoble **et** Annecy	**zwischen** Grenoble **und** Annecy
loin de Paris	**weit von** Paris

près de l'école	in der Nähe der Schule
sous la table	unter dem Tisch
sur la chaise	auf dem Stuhl
sur la Loire	an der Loire

2. So können Sie eine Richtung angeben (Frage: Wohin?):

à l'école	in die Schule
à la gare	zum Bahnhof
à la maison	nach Hause
à Paris	nach Paris
au Portugal	nach Portugal
chez Valérie	zu Valérie
dans la cuisine	in die Küche
en France	nach Frankreich
jusqu'à la cathédrale	bis zur Kathedrale
sur Paris	Richtung Paris
vers Fabien	auf Fabien zu

3. So können Sie einen Zeitpunkt angeben (Frage: Wann?):

à deux heures	um zwei Uhr
à demain	bis morgen
à Noël	an/zu Weihnachten
à midi	mittags
à 12 ans	im Alter von 12 Jahren
à partir de lundi	ab Montag / von Montag an
après Noël	nach Weihnachten
au printemps	im Frühling
au 15e siècle	im 15. Jahrhundert
avant le repas	vor dem Essen
dans 20 minutes	in 20 Minuten
dès 1987	seit 1987 / von 1987 an

en mars	**im** März
en été	**im** Sommer
en 1989	(**im** Jahre) 1989
entre 2 **et** 3 heures	**zwischen** 2 und 3 Uhr
il y a 2 mois	**vor** 2 Monaten
jusqu'à 5 heures	**bis** 5 Uhr
vers 6 heures	**gegen** 6 Uhr

4. So können Sie eine Zeitdauer angeben (Frage: Wie lange?):

à 2 minutes **d'**ici	2 Minuten **von** hier
de 3 **à** 5	**von** 3 **bis** 5
depuis une heure	**seit** einer Stunde
en 10 minutes	**in/innerhalb von** 10 Minuten
pendant une heure	eine Stunde **lang**
pendant les vacances	**während** der Ferien
pour 2 ans	**für** 2 Jahre / 2 Jahre **lang**

5. So können Sie ein Mittel angeben (Frage: Womit?):

à pied/vélo	**zu** Fuß / **mit** dem Fahrrad
à la main	**mit** der Hand
au crayon	**mit** einem Bleistift
avec un marteau	**mit** einem Hammer
en voiture/bus/train avion/bateau	**mit** dem Auto/Bus/Zug/ Flugzeug/Schiff

6. So können Sie ein Material angeben (Frage: Woraus?):

de/en soie/laine/bois/verre	**aus** Seide/Wolle/Holz/Glas

7. So können Sie einen Grund angeben (Frage: Weswegen?):

à cause de l'école	**wegen** der Schule
de faim/soif/froid/fatigue	**vor** Hunger/Durst/Kälte/Müdigkeit
grâce à ma sœur	**dank** meiner Schwester
malgré la maladie	**trotz** der Krankheit
par amour/pitié/expérience	**aus** Liebe/Mitleid/Erfahrung

Die Konjunktionen

87 Einleitung

Konjunktionen sind Bindewörter, die Satzteile oder Sätze miteinander verbinden.

Es gibt zwei Arten von Konjunktionen:

Le cours est facile **et** intéressant. Der Kurs ist leicht und interessant.	nebenordnende Konjunktionen und
Je suis sûr **que** je vais y retourner. Ich bin sicher, dass ich dorthin zurückkehren werde.	unterordnende Konjunktionen.

88 Nebenordnende Konjunktionen

Mit nebenordnenden Konjunktionen verbinden Sie Wörter, Satzteile oder Sätze gleicher Art miteinander, z. B.:

La maison est grande **et** belle. Das Haus ist groß und schön.	zwei Adjektive
Il joue au foot **et** au volley-ball. Er spielt Fußball und Volleyball.	zwei Ergänzungen
Julien travaille **et** Cécile prépare la réunion. Julien arbeitet und Cécile bereitet die Sitzung vor.	zwei Hauptsätze

Die nebenordnenden Konjunktionen werden im Wesentlichen wie im Deutschen verwendet. Im Französischen gibt es folgende nebenordnende Konjunktionen:

1. Konjunktionen, mit denen Sie etwas aufzählen können:

Mme Nollet travaille dans le jardin **et** M. Nollet bricole. Frau Nollet arbeitet im Garten und Herr Nollet bastelt.	und
Non seulement Patrick est paresseux, **mais encore** il dépense tout son argent. Patrick ist nicht nur faul, sondern er gibt auch sein ganzes Geld aus.	nicht nur sondern auch

2. Konjunktionen, mit denen Sie eine zeitliche Reihenfolge angeben können:

D'abord, il range ses affaires. Zuerst räumt er seine Sachen auf.	zuerst
Ensuite, il lit son courrier, **puis** il a une réunion. Dann liest er seine Post, danach hat er eine Sitzung.	dann danach
Après cela, il répond aux lettres. Danach beantwortet er die Briefe.	danach
Enfin/Finalement, il appelle ses clients. Schließlich/Endlich ruft er seine Kunden an.	endlich/schließlich

3. Konjunktionen, mit denen Sie etwas begründen oder folgern können:

Il vaut mieux prendre le métro, **car** il y a de plus en plus d'embouteillages au centre ville. Es ist besser die U-Bahn zu nehmen, denn es gibt immer mehr Stau im Stadtzentrum.	denn
En effet, la circulation est trop dense. In der Tat herrscht zu dichter Verkehr.	in der Tat, nämlich

Par conséquent/Donc, tout le monde est pressé. Folglich sind alle in Eile.	folglich/also
C'est pourquoi Pierre a acheté un vélo. Deshalb hat Pierre ein Fahrrad gekauft.	deshalb
Ainsi, il espère éviter les embouteillages. So hofft er, den Stau zu vermeiden.	so
Aussi sera-t-il moins pressé le matin. Daher wird er es morgens weniger eilig haben.	folglich/daher

aussi (= daher) muss am Satzanfang stehen, da es sonst mit aussi (= auch) verwechselt werden könnte. aussi (= daher) löst eine Inversion (Umstellung von Verb und Subjekt) aus.

4. Konjunktionen, mit denen Sie etwas entgegensetzen oder ausschließen können:

Son premier roman n'était pas long, **mais** il était très intéressant. Sein/Ihr erster Roman war nicht lang, aber sehr interessant.	aber/sondern
Par contre, son dernier roman était un peu trop long. Hingegen sein/ihr letzter Roman war etwas zu lang.	hingegen
Son dernier roman, **en revanche**, était un peu trop long. Sein/Ihr letzter Roman hingegen war etwas zu lang.	hingegen
Toutefois/Néanmoins, je peux vous les recommander tous les deux. Jedoch kann ich Ihnen/euch beide Romane empfehlen.	gleichwohl/jedoch/ nichtsdestoweniger
D'une part, il est bien à la campagne, **d'autre part**, il aimerait être plus près de son travail. Einerseits fühlt er sich auf dem Lande wohl, andererseits würde er gerne näher an seiner Arbeit sein.	einerseits andererseits

Malgré cela/Pourtant/Cependant, il ne cherche pas d'appartement. Trotzdem sucht er keine Wohnung.	trotzdem/jedoch
La soirée était **quand même** amusante. Der Abend war dennoch amüsant.	trotzdem/dennoch
Je dois me dépêcher, **sinon/autrement** je vais rater mon train. Ich muss mich beeilen, sonst werde ich meinen Zug verpassen.	sonst
Ou/soit on va au cinéma **ou/soit** on va prendre un verre avec les Martin. Entweder gehen wir ins Kino oder wir gehen mit den Martins etwas trinken.	entweder … oder

Il **ne** veut **ni** travailler **ni** étudier. Er will weder arbeiten noch studieren.	weder … noch

5. Konjunktionen, mit denen Sie vergleichen können:

Plus je regarde le prospectus, **plus** j'ai envie de partir. Je mehr ich mir den Prospekt anschaue, desto mehr bekomme ich Lust zu fahren.	je mehr …, desto mehr
Moins il pense à sa santé, **moins** il est malade. Je weniger er über seine Gesundheit nachdenkt, desto weniger krank ist er.	je weniger …, desto weniger
Plus je pense aux vacances, **moins** j'ai envie de rester ici. Je mehr ich an die Ferien denke, desto weniger habe ich Lust, hier zu bleiben.	je mehr …, desto weniger
Moins tu y penses, **mieux** ce sera. Je weniger du daran denkst, umso besser (ist es).	je weniger …, umso besser

89 Unterordnende Konjunktionen

Unterordnende Konjunktionen stehen am Anfang eines Nebensatzes und verbinden ihn mit dem Hauptsatz – dem übergeordneten Satz. Nach einigen unterordnenden Konjunktionen müssen Sie im Nebensatz den *subjonctif* verwenden.

1. Die am häufigsten gebrauchte unterordnende Konjunktion ist **que** (dass):

Pierre dit **qu'**il **vient**. Pierre sagt, dass er kommt.	**que** leitet die indirekte Rede ein.
Je suis sûre **que** Pierre **viendra**. Ich bin sicher, dass Pierre kommen wird.	Im Nebensatz mit **que** kann der Indikativ (hier *futur simple*) stehen.
Il regrette **que** Brigitte **soit** malade. Er bedauert, dass Brigitte krank ist.	Im Nebensatz mit **que** kann – nach bestimmten Auslösern – der *subjonctif* stehen.
Elle dit **qu'**elle **voudrait** rentrer. Sie sagt, dass sie gerne nach Hause kommen würde.	Im Nebensatz mit **que** kann in der indirekten Rede das *conditionnel* stehen.
Il a volé la voiture **sans que** personne l'**ait** remarqué. Er hat das Auto gestohlen, ohne dass es jemand bemerkt hat.	Nach **sans que** (ohne dass) steht aber immer der *subjonctif*.

2. Unterordnende Konjunktionen, mit denen Sie zeitliche Beziehungen angeben können:

Quand elle est arrivée, elle ne m'a pas reconnu. Als sie angekommen ist, hat sie mich nicht erkannt.	als	quand/lorsque + *passé composé* = als
Lorsqu'elle m'a reconnu, elle m'a dit bonjour. Als sie mich erkannt hat, hat sie mich begrüßt.	als	

Quand il fait beau, nous nous promenons au parc. Immer wenn es schön ist, gehen wir im Park spazieren.	(immer) wenn	quand/ lorsque + Präsens = wenn
Lorsque nous allons jusqu'au bord du lac, nous nous y reposons un peu. Immer wenn wir bis zum Ufer des Sees gehen, ruhen wir uns dort ein bisschen aus.	(immer) wenn	
Pendant que nous nous promenons, les enfants ne font rien. Während wir spazieren gehen, machen die Kinder nichts.	während	
Je suis rentrée **au moment où** le téléphone a sonné. In dem Augenblick, als ich nach Hause gekommen bin, hat das Telefon geklingelt.	in dem Augenblick, als	
Depuis qu'il travaille seul, il travaille mieux. Seit er alleine arbeitet, arbeitet er besser.	seit	
Il a eu une carte bancaire **avant que** ce **soit** la mode. Er hatte schon eine Bankkarte, bevor es Mode war.	bevor	avant que + *subjonctif*
Il retire de l'argent avec sa carte **jusqu'à ce qu'**il **ait** des problèmes. Er zieht mit der Karte solange Geld, bis er Probleme hat.	(solange) bis	jusqu'à ce que + *subjonctif*
En attendant qu'il **vienne**, nous avons raconté des histoires drôles. Bis er kam, haben wir uns lustige Geschichten erzählt.	(in der Zeit) bis	en attendant que + *subjonctif*

3. Unterordnende Konjunktionen, mit denen Sie eine Begründung geben können:

Il habite ici **parce que** c'est moins cher. Er wohnt hier, weil es billiger ist.	weil	
Comme il veut gagner la compétition, il s'entraîne beaucoup. Da er den Wettkampf gewinnen will, trainiert er viel.	da	
L'appartement est encore vide, **puisqu'**il est trop cher. Die Wohnung ist noch leer, da sie zu teuer ist.	da, weil	

4. Unterordnende Konjunktionen, mit denen Sie eine gewünschte Wirkung ausdrücken können:

J'ai déjà tout préparé pour demain matin, **pour qu'**on **puisse** partir très tôt. Ich habe für morgen früh bereits alles vorbereitet, damit wir sehr früh fahren können.	damit	pour que + *subjonctif*
Elle lui donne de l'argent, **afin qu'**il **vienne** en taxi. Sie gibt ihm Geld, damit er mit dem Taxi kommen kann.	damit	afin que + *subjonctif*
Parlez plus haut **de sorte qu'**on **puisse** vous comprendre. Sprechen Sie lauter so, dass man sie verstehen kann.	sodass	de sorte que + *subjonctif*
Écris **de manière qu'**on **puisse** lire ton écriture! Schreib so, dass man deine Schrift lesen kann.	sodass	de manière que + *subjonctif*
Il explique le problème **de façon que** tout le monde **comprenne**. Er erklärt das Problem so, dass es alle verstehen.	sodass	de façon que + *subjonctif*

Aber:

Il explique le problème **de façon qu'**on le **comprend** tout de suite.
Er erklärt das Problem so, dass man es sofort versteht.

Elle chante **de façon qu'**on **comprend** tout le texte.
Sie singt das Lied so, dass man den ganzen Text versteht.

Nach **de sorte que, de façon que** und **de manière que** verwenden Sie den *subjonctif*, wenn Sie eine gewünschte Wirkung ausdrücken wollen. Wollen Sie eine tatsächliche (schon eingetretene) Wirkung oder Folge schildern, verwenden Sie den Indikativ.

5. Unterordnende Konjunktionen, mit denen Sie einen Gegensatz ausdrücken können:

Malgré qu'elle **fasse** trop, elle ne se plaint jamais. Obwohl sie zu viel macht, beschwert sie sich nie.	obwohl	malgré que + *subjonctif*
Elle sort le soir, **bien que** ses parents **soient** contre. Sie geht abends aus, obwohl ihre Eltern dagegen sind.	obwohl	bien que + *subjonctif*
Ils n'arrêtent pas de discuter, **quoique** nous **ayons** déjà trouvé une solution. Sie hören nicht auf zu diskutieren, obwohl wir bereits eine Lösung gefunden haben.	obwohl	quoique + *subjonctif*
Georges est un bon cuisinier, **tandis que** son fils ne l'est pas. Georges ist ein guter Koch, wohingegen sein Sohn es nicht ist.	obwohl/ wohingegen	

6. Unterordnende Konjunktionen, mit denen Sie eine Bedingung ausdrücken können:

Si tu viens, je te montrerai les photos. Wenn du kommst, werde ich dir die Fotos zeigen.	wenn	Bedingungssatz (► NR. 96.3)

Je te prête ma voiture, **à condition que** tu me la **rendes** demain. Ich leihe dir mein Auto unter der Bedingung, dass du es mir morgen zurückbringst.	unter der Bedingung, dass	à condition que + *subjonctif*
Au cas où elle ne **voudrait** pas rentrer seule, va la chercher. Im Falle, dass sie nicht alleine nach Hause gehen möchte, hol sie ab.	im Falle, dass	au cas où + *conditionnel*
À supposer que vous **perdiez** la clé, il y en a une autre dans la boîte à lettres. Angenommen, (dass) Sie/ihr den Schlüssel verlieren/verliert, gibt es einen anderen im Briefkasten.	angenommen, dass	à supposer que + *subjonctif*
Pourvu qu'ils ne **fassent** pas trop de désordre, ils peuvent jouer ici. Vorausgesetzt, dass sie nicht zu viel Unordnung machen, können sie hier spielen.	vorausgesetzt, dass	pourvu que + *subjonctif*

Der Satz

90 Der Satz und seine Bestandteile

Ein vollständiger Satz besteht aus einem Subjekt und einem Prädikat.

Subjekt	Prädikat	Subjekt	Prädikat
Pierre	travaille.	Les élèves	aprennent le français.
Pierre arbeitet.		Die Schüler lernen Französisch.	

1 Das Subjekt

Das Subjekt eines Satzes kann ein einzelnes Wort, aber auch Wortgruppen oder Sätze sein:

Christine fait du sport. Christine treibt Sport.	ein Eigenname,
Il aime lire. Er liest gern.	ein Subjektpronomen,

Les filles vont danser. Die Mädchen gehen tanzen.	ein Nomen mit Begleiter,
Voyager est très agréable. Reisen ist sehr angenehm.	ein Infinitiv,
Ce qu'il m'a dit ne me plaît pas. Was er mir gesagt hat, gefällt mir nicht.	ein Nebensatz.

2 Das Prädikat

Das Prädikat eines Satzes besteht aus einem Verb oder aus einem Verb mit Ergänzung(en).

Subjekt	Prädikat: Verb	Prädikat: Ergänzung(en)	
Alain	travaille.		Alain arbeitet.
Sylvie	écrit	un livre.	Sylvie schreibt ein Buch.
Martine	habite	à Paris (chez sa sœur).	Martine wohnt in Paris (bei ihrer Schwester).
Bernadette	est	gentille.	Bernadette ist nett.

Verben können folgende Ergänzungen haben:

Les jeunes regardent **la télé**. Die Jugendlichen sehen fern.	ein direktes Objekt,
Elle téléphone **à Joseph**. Sie telefoniert mit Joseph.	ein indirektes Objekt mit einer Präposition,
Elles vont **au cinéma**. Sie gehen ins Kino.	eine adverbiale Bestimmung,
J'aime **nager**. Ich schwimme gern.	eine Infinitivergänzung.

1. Das direkte Objekt heißt so, weil es direkt, das heißt ohne eine Präposition, an das Verb angeschlossen ist. Direkte Objekte können ein einzelnes Wort, Wortgruppen oder Sätze sein:

Paul achète **un cadeau**. Paul kauft ein Geschenk.	ein Nomen mit Begleiter,
Thierry rencontre **Hervé**. Thierry trifft Hervé.	ein Eigenname,
Il **le** rencontre. Er trifft ihn.	ein direktes Objekt-pronomen,
Elle cherche **ce qu'elle a perdu hier**. Sie sucht, was sie gestern verloren hat.	ein Nebensatz.

2. Das indirekte Objekt schließen Sie mit einer Präposition – meistens mit **à** oder **de** – an das Verb an:

Indirektes Objekt kann sein:

Elle téléphone **à sa copine**. Sie telefoniert mit ihrer Freundin.	ein Nomen mit Begleiter,
Elle parle **de Louise**. Sie spricht von Louise.	ein Eigenname,
Elle **lui** parle. Sie spricht zu ihr.	ein indirektes Objekt-pronomen,
Il pense souvent **à eux**. Er denkt oft an sie.	ein unverbundenes Personalpronomen,
Elle pense souvent **à ce qu'elle fait**. Sie denkt oft daran, was sie macht.	ein Relativsatz.

3. Eine adverbiale Bestimmung kann bestehen aus:

Il habite **là-bas**. Er wohnt dort.	einem Adverb,
Bertrand habite **rue de France**. Bertrand wohnt rue de France.	einem Eigennamen,

Elle va **à la piscine**. Sie geht ins Schwimmbad.	einer Präposition und Nomen,
Elle **y** va souvent. Sie geht oft dorthin.	einem Pronomen,
Estelle sort **quand elle veut**. Estelle geht aus, wann sie möchte.	einem Nebensatz.

Nach den adverbialen Bestimmungen im Satz fragen Sie mit Wo?, Wohin?, Wann?, Warum?, Wie?, Wie viel?, Wie oft?.

4. Eine Infinitivergänzung kann mit oder ohne Präposition an das Verb angeschlossen werden:

Elle aime **nager**.	Sie schwimmt gern.
Le petit garçon apprend **à parler**.	Der kleine Junge lernt sprechen.
Ils ont oublié **de payer**.	Sie haben vergessen zu bezahlen.

Eine Infinitivergänzung kann auch aus einem Infinitiv und weiteren Ergänzungen bestehen:

Ils veulent **partir avec des amis**.
Sie wollen mit Freunden wegfahren.
Elle apprend **à lire à son petit frère**.
Sie bringt ihrem kleinen Bruder das Lesen bei.

(Liste der wichtigsten Verben mit ihren Ergänzungen ► Anhang 5)

91 Die Satzarten

Im Französischen (wie im Deutschen) werden folgende Satzarten unterschieden:

Son père a acheté un ordinateur. Sein/Ihr Vater hat einen Computer gekauft.	Aussagesatz,
Est-ce qu'il aime son travail? Mag er seine Arbeit?	Fragesatz,
Appelez-moi plus tard. Rufen Sie/Ruft mich später an.	Aufforderungssatz,
Quel vin extraordinaire! Was für ein außerordentlicher Wein!	Ausrufesatz.

92 Der Aussagesatz

1 Die Stellung von Subjekt und Verb im Aussagesatz

Die normale Stellung der Satzteile in einem Aussagesatz ist: Subjekt + Verb + Ergänzung.

Das Subjekt steht im französischen Aussagesatz immer vor dem Verb.

Von dieser Regel gibt es zwei Ausnahmen. Das Verb steht vor dem Subjekt:

«Bonjour, papa», dit-il. „Guten Tag/Morgen Papa", sagt er.	nach der direkten Rede,
Peut-être a-t-il raté son train. Vielleicht hat er seinen Zug verpasst.	nach den Adverbien **peut-être** (vielleicht),
Sans doute avez-vous raison. Sie haben/Ihr habt ohne Zweifel Recht.	**sans doute** (ohne Zweifel), **à peine** (kaum), **aussi** (so, deshalb), wenn sie am Satzanfang stehen. Das ist im Deutschen nach diesen Adverbien übrigens genauso.

Diese Umkehrung der Reihenfolge Subjekt – Verb nennt man Inversion.

2 Die Stellung der Objekte im Aussagesatz

Das Prädikat eines Satzes besteht aus einem Verb oder aus einem Verb mit einem oder mehreren Objekten.

Madame Martin achète un livre. Frau Martin kauft ein Buch. Madame Martin parle à son voisin. Frau Martin spricht mit ihrem Nachbarn.	Die direkten und die indirekten Objekte stehen im Aussagesatz nach dem Verb.
Madame Martin donne son livre à son voisin. Frau Martin gibt ihrem Nachbarn ihr Buch.	Das direkte Objekt steht vor dem indirekten Objekt.

Elle parle **à sa copine de son livre préféré**.
Sie spricht mit ihrer Freundin über ihr Lieblingsbuch.
Il parle **de ses projets à M. et Mme Martin**.
Er spricht mit Herrn und Frau Martin über seine Pläne.

Manche Verben können auch zwei indirekte Objekte haben. Normalerweise steht dann das à-Objekt vor dem de-Objekt. Nur wenn das à-Objekt viel länger ist als das de-Objekt, rückt das de-Objekt an die erste Stelle.

Mme Martin **l'**achète.
Frau Martin kauft es/ihn/sie.
Elle **lui** parle.
Sie spricht mit ihm/ihr.

Objektpronomen stehen vor dem Verb, auf das sie sich beziehen.

(Die Stellung der Objektpronomen und der Pronomen en und y ► NR. 45)

3 Die Stellung der adverbialen Bestimmungen im Aussagesatz

Manche Verben können nicht alleine stehen, z. B. aller und habiter. Eine adverbiale Bestimmung kann also eine notwendige Ergänzung sein. In diesem Fall steht sie beim Verb.

Corinne va **à l'école**. — Corinne geht zur Schule.
Pierre habite **à la campagne**. — Pierre wohnt auf dem Land.

Eine adverbiale Bestimmung kann sich auch auf einen ganzen Satz beziehen:

Aujourd'hui, Corinne va à l'école. — Heute geht Corinne zur Schule.

Dann handelt es sich um eine freie Ergänzung, die auch weggelassen werden kann. Eine freie Ergänzung kann am Anfang oder am Ende des Satzes stehen. Wollen Sie in Ihrem Satz mehrere freie Ergänzungen verwenden, so können Sie diese Ergänzungen:

Le soir, **au stade**, il y a un entraînement.
Abends, im Stadion, findet ein Training statt.

zusammen an den Satzanfang

Il y a un entraînement **le soir**, **au stade**. Es findet ein Training Abends im Stadion statt.	oder an das Satzende stellen,
Le soir, il y a un entraînement **au stade**. Abends findet ein Training im Stadion statt.	oder auf Satzanfang und Satzende verteilen.

4 Aussagesätze mit *voilà* und *il y a*

voilà entspricht meist dem deutschen „hier ist" / „hier sind". Es ist unveränderlich.

Voilà Jean.	Hier ist Jean.
Voilà le cadeau qu'il m'a offert.	Hier ist das Geschenk, das er mir gemacht hat.

il y a entspricht meist dem deutschen „es gibt". il y a ist auch unveränderlich.

Dans mon quartier, **il y a** une piscine.	In meinem Stadtviertel gibt es ein Schwimmbad.
Il y a aussi un cinéma.	Es gibt auch ein Kino.

⚠ Verwechseln Sie nicht das unpersönliche Verb il y a (es gibt) mit der zeitlichen Präposition il y a (vor).

Il y a beaucoup de restaurants ici. Es gibt hier viele Restaurants.	unpersönliches Verb
Il a écrit ce livre **il y a** deux ans. Er hat dieses Buch vor zwei Jahren geschrieben.	zeitliche Präposition

5 Segmentierte Aussagesätze

Im gesprochenen Französisch können Sie häufig Sätze hören, in denen ein Satzteil wiederholt wird. Diese Sätze heißen segmentierte Sätze.

Il est arrivé, **ton copain**.	Er ist angekommen, dein Freund.
Ce film, je **l'**ai déjà vu.	Diesen Film, den habe ich schon gesehen.

So würde der normale Aussagesatz aussehen.

Ton copain est arrivé.	Dein Freund ist angekommen.
J'ai déjà vu ce film.	Ich habe diesen Film schon gesehen.

Im segmentierten Satz stellen Sie einen Satzteil (hier das Subjekt) vor oder nach den Satz und wiederholen das Subjekt durch ein Pronomen.

Ton copain, il est arrivé.

Il est arrivé, ton copain.

Genauso können Sie auch mit dem direkten Objekt verfahren. Das voran- oder nachgestellte direkte Objekt wiederholen Sie im Satz durch ein direktes Objektpronomen.

Ce film, je l'ai déjà vu.

Je l'ai déjà vu, ce film.

Auch wenn das Subjekt eines Satzes ein Pronomen ist, können Sie es in einem segmentierten Satz wiederholen. Für die Wiederholung nehmen Sie die unverbundenen Personalpronomen.

Moi, je voudrais aller au cinéma. Je voudrais aller au cinéma, moi.	Ich würde gern ins Kino gehen.
Lui, il voudrait aller danser. Il voudrait aller danser, lui.	Er würde gern tanzen gehen.

6 Die Hervorhebung von Satzteilen

Wenn Sie im Deutschen einen Satzteil hervorheben wollen, haben Sie zwei Möglichkeiten:

Die Betonung: Er will tanzen gehen. (nicht ich)
Die Satzstellung: Eine Disko suchen wir. (kein Restaurant)
Im Französischen haben Sie dafür andere Möglichkeiten.

Mit **c'est ... qui** können Sie das Subjekt eines Satzes hervorheben. Steht das Subjekt in der 3. Person Plural, können Sie auch **ce sont ... qui** verwenden. Nach **c'est / ce sont** stehen die unverbundenen Personalpronomen. Anders als im Deutschen richtet sich das Verb im **qui**-Satz immer nach dem betonten Subjekt.

C'est Joseph	**qui** veut aller danser.	Joseph möchte tanzen gehen.
C'est lui	**qui** cherche une boîte.	Er sucht eine Diskothek.
C'est nous	**qui** le suivons.	Wir folgen ihm.
C'est / **Ce sont** Paul et Alain	**qui** veulent regarder ce film.	Paul und Alain möchten diesen Film sehen.
Mais **c'est** moi	**qui** ai acheté les billets.	Aber ich habe die Karten gekauft.

Mit c'est ... que können Sie hervorheben:

C'est la musique **que** Christian aime. Musik mag Christian gern.	ein direktes Objekt,
C'est / **Ce sont** les concerts de piano **qu'**il écoute tout le temps. Klavierkonzerte hört er ständig.	(Steht das hervorgehobene Objekt im Plural, können Sie **c'est** oder **ce sont** vewenden.),
C'est à Louise **qu'**il a offert un CD. Er hat Louise die CD geschenkt.	ein indirektes Objekt,
C'est au restaurant **qu'**ils vont se rencontrer. Im Restaurant werden sie sich treffen.	eine adverbiale Bestimmung,
C'est vendredi **que** la fête aura lieu. Am Freitag findet die Party statt.	
C'est en faisant du sport **qu'**il s'est fait mal. Beim Sport hat er sich wehgetan.	ein *gérondif*.

93 Der Fragesatz

Es gibt zwei Arten von Fragen: die Entscheidungsfrage und die Teilfrage. Auf eine Entscheidungsfrage erwarten wir als Antwort „Ja" oder „Nein". Entscheidungsfragen haben kein Fragewort.

• Tu viens avec nous?	Kommst du mit uns?
– Oui. / Non.	Ja. / Nein.

Auf Teilfragen können Sie nicht mit „ja" oder „nein" antworten. Auf eine Teilfrage erwarten Sie eine ganz bestimmte Angabe, z. B. einen Ort, einen Zeitpunkt, eine Eigenschaft oder eine Person usw.

• **Où** est-ce que tu vas?	Wohin gehst du?
– Au bureau.	Ins Büro.
• **Qui** est venu?	Wer ist gekommen?
– M. Martin.	Herr Martin.

Teilfragen werden mit Fragewörtern gebildet.
Im Französischen haben Sie mehrere Möglichkeiten, Entscheidungs- und Teilfragen zu bilden.

1 Die Intonationsfrage und die Frage mit nachgestelltem Fragewort

Entscheidungsfrage	Teilfrage
Die Intonationsfrage verwenden Sie bei Entscheidungsfragen.	Die Frage mit nachgestelltem Fragewort verwenden Sie bei Teilfragen.
(Intonation ► Anhang 10) Die Intonationsfrage bilden Sie wie einen Aussagesatz. Statt eines Punktes setzen Sie ein Fragezeichen und sprechen die Frage mit steigender Satzmelodie.	Für diese Frage stellen Sie das Fragewort ans Ende des Satzes. Alle anderen Satzglieder stehen wie im Aussagesatz. Diese Frage sprechen Sie mit fallender Satzmelodie.
Tu fais un gâteau? Bäckst du einen Kuchen?	Tu fais le gâteau **comment**? Du bäckst den Kuchen wie?
On va au cinéma? Gehen wir ins Kino?	On va au cinéma **quand**? Wir gehen wann ins Kino?

Beide Frageformen sind umgangssprachlich. In der geschriebenen Sprache werden sie, außer bei der Wiedergabe von Dialogen, nicht verwendet.

2 Die Frage mit *est-ce que*

est-ce que ist ein Fragesignal. Sie stellen es dem Satz voran. Die Stellung der übrigen Satzglieder ist die gleiche wie im Aussagesatz. Vor Vokal und stummem **h** verkürzen Sie **est-ce que** zu **est-ce qu'**.
Bei der Teilfrage stellen Sie das Fragewort vor **est-ce que**.

Entscheidungsfrage	Teilfrage
Est-ce que tu fais un gâteau? Bäckst du einen Kuchen?	**Comment est-ce que** tu fais le gâteau? Wie bäckst du den Kuchen?
Est-ce que vous apprenez le français? Lernt ihr/Lernen Sie Französisch?	**Pourquoi est-ce que** vous apprenez le français? Weshalb lernt ihr/lernen sie Französisch?

Où est-ce que können Sie nur verwenden, wenn das Subjekt ein Pronomen ist. Bei Nomen müssen Sie eine Inversionsfrage verwenden.

⚠ Où est-ce qu'il est?	Wo ist er?
aber: Où est **Jérôme**?	Wo ist Jérôme?

Die Frage mit **est-ce que** können Sie sowohl im gesprochenen als auch im geschriebenen Französisch verwenden.

⚠ Die **est-ce que**-Fragen nach Personen oder Sachen sind sich sehr ähnlich und führen leicht zu Verwechslungen. Deshalb hier ein Überblick über ihre Verwendung:

Qui est-ce qui vient? **Qui est-ce que** tu as invité?	**Wer** kommt? **Wen** hast du eingeladen?	Die Fragen nach Personen beginnen mit **Qui**.
Qu'est-ce qui te dérange? **Qu'est-ce que** tu vas faire?	**Was** stört dich? **Was** wirst du tun?	Die Fragen nach Sachen beginnen mit **qu'**.

Fragen Sie nach dem Subjekt („Wer kommt?" / „Was stört dich?"), endet das Fragewort mit **qui**. Fragen Sie nach dem Objekt („Wen hast du eingeladen?" / „Was wirst du tun?"), endet das Fragewort mit **que**.

3 Die Inversionsfrage

Entscheidungsfrage	Teilfrage
Um eine Inversionsfrage zu bilden, stellen Sie das Subjekt hinter das Verb. Verb und Subjektpronomen verbinden Sie mit einem Bindestrich.	Für eine Teilfrage stellen Sie das Fragewort vor und das Subjekt hinter das Verb.
Apprenez-**vous** le français? Lernt ihr/Lernen Sie Französisch?	**Pourquoi** apprenez-**vous** le français? Weshalb lernt ihr/lernen Sie Französisch?
Pourrais-**tu** m'aider? Könntest du mir helfen?	**Quand** pourrais-**tu** m'aider? Wann könntest du mir helfen?

Endet die Verbform in der 3. Person Singular mit einem Vokal, so schieben Sie für eine leichtere Aussprache ein -t- zwischen Verb und Subjektpronomen ein.

Entscheidungsfrage	Teilfrage
Va-t-elle venir? Wird sie kommen?	Pourquoi **va-t-**elle venir? Weshalb wird sie kommen?
A-t-il écrit la lettre? Hat er den Brief geschrieben?	Quand **a-t-**il écrit la lettre? Wann hat er den Brief geschrieben?

In den zusammengesetzten Zeiten steht das Subjektpronomen zwischen Hilfsverb und Partizip.

Entscheidungsfrage	Teilfrage
Avez-vous **lu** ce livre? Haben Sie/Habt ihr dieses Buch gelesen? Lui **a-t**-elle **raconté** cette histoire? Hat sie ihm/ihr diese Geschichte erzählt?	Qu'**a-t**-il **fait**? Was hat er gemacht?

Ein Nomen steht aber hinter dem Partizip.

Entscheidungsfrage	Teilfrage
–	Qu'**a fait Jérôme**? Was hat Jérôme gemacht?

Entscheidungsfrage	Teilfrage
	⚠ Eine Inversionsfrage können Sie immer bilden, wenn das Subjekt ein Pronomen ist. Ist das Subjekt aber ein Nomen, sollten Sie nur einfache Inversionsfragen mit **que** und **où** bilden. In allen anderen Fällen bilden Sie die Frage mit **est-ce que**. **Que** fait **Thierry**? Was macht Thierry? **Où** est **Bertrand**? Wo ist Bertrand? **Pourquoi** est-ce que **Bertrand** est parti? Weshalb ist Bertrand gegangen?

Die Inversionsfrage finden Sie vor allem im geschriebenen Französisch. Sie gehört einem gehobenen Sprachstil an.

Im gesprochenen Französisch ist die Inversionsfrage vor allem in einigen formelhaften Wendungen und kurzen Fragen üblich.

Êtes-vous d'accord?	Sind Sie/seid ihr einverstanden?
Où est-elle?	Wo ist Sie?

Eine Inversionsfrage mit nachgestelltem **je** ist nicht üblich. Sie ist nur in formelhaften Wendungen gebräuchlich, z. B.: **Puis-je?** (Darf ich?).

4 Die segmentierte Frage

Die segmentierte Frage entspricht der Intonationsfrage bzw. der Frage mit nachgestelltem Fragewort, mit einem Unterschied: Der Satzteil, nach dem gefragt wird, ist zweimal vertreten: als Nomen und als Pronomen.
Die segmentierte Frage gehört der Umgangssprache an.

Entscheidungsfrage	Teilfrage
Tes copines, **elles** viennent aussi? Deine Freundinnen, kommen sie auch?	**Elle** revient quand, **Sophie**? Wann kommt sie wieder, Sophie?
Tes livres, tu **les** a achetés ici? Deine Bücher, hast du sie hier gekauft?	**C'**est qui, **Isabelle**? Wer ist das, Isabelle?

94 Der Aufforderungssatz

Aufforderungssätze bilden Sie meist mit den Imperativformen des Verbs. (Der Imperativ ► Nr. 69)

Ne **parle** pas si vite!	Sprich nicht so schnell!
Ouvrez votre livre à la page 22.	Öffnet/Öffnen Sie eure/Ihre Bücher auf Seite 22.

Befehle können Sie auch mit dem *futur simple* oder dem *futur composé* ausdrücken.

Tu ne **sortiras** pas!	Du gehst nicht aus!
Tu **vas t'excuser**!	Du wirst dich entschuldigen!

In Kochrezepten, Gebrauchsanweisungen oder auf Verbotsschildern werden Aufforderungen auch durch Infinitive ausgedrückt.

Prendre 100 g de farine et deux œufs ...	Nehmen Sie 100g Mehl und zwei Eier…
Ne pas marcher sur la pelouse.	Rasen betreten verboten.

Aufforderungssätze mit dem Imperativ oder dem *futur* werden nicht als besonders höflich empfunden. Deshalb gibt es im Französischen mehrere Möglichkeiten, den Befehls- oder Aufforderungscharakter eines Satzes abzuschwächen.

Aufforderungen können Sie auch als Fragen mit pouvoir formulieren.

Vous pouvez parler moins vite, s'il vous plaît?	Können Sie bitte langsamer sprechen?
Pouvez-vous me prêter votre stylo?	Können Sie mir Ihren Füller ausleihen?

Fragen mit dem *conditionnel* gelten als besonders höflich.

Tu pourrais m'aider?	Könntest du mir helfen?
Pourriez-vous me donner votre adresse?	Könnten Sie mir Ihre Adresse geben?

95 Der Ausrufesatz

Ausrufesätze können Sie ausdrücken durch:

Clément est absolument adorable! Clément ist absolut entzückend!	einen normalen Aussagesatz: Dann kann man nur an der Satzmelodie hören, dass es sich um einen Ausrufesatz handelt,
Comme elle travaille! Wie sie arbeitet! **Comme** c'est gentil! Wie nett das ist! **Que** c'est difficile! Wie schwer das ist!	einen Aussagesatz, der mit comme oder que eingeleitet wird,
Quelle surprise! Welche Überraschung! **Quelle** chance elle a eu! Was für ein Glück sie gehabt hat!	mit quel und einem Nomen,
Si elle **venait** plus souvent! Wenn sie doch öfter käme! **Si seulement** on **pouvait** lui téléphoner! Wenn man sie/ihn wenigstens anrufen könnte!	mit si (seulement) + Verb im *imparfait*.

96 Das Satzgefüge

1 Haupt- und Nebensätze

Hauptsätze können alleine stehen. Nebensätze liefern zusätzliche Informationen. Sie sind von Hauptsätzen abhängig und stehen daher selten allein. Anders als im Deutschen bleibt im französischen Nebensatz die Stellung der Satzteile Subjekt – Verb – Ergänzung erhalten.

Nebensätze werden mit Konjunktionen oder mit Relativpronomen eingeleitet.

Hauptsatz	Nebensatz
Elle est heureuse. Sie ist glücklich.	
Elle est heureuse Sie ist glücklich,	parce qu'elle a gagné au loto. weil sie im Lotto gewonnen hat.

2 Der Relativsatz

1. Ein Relativsatz ist ein Nebensatz, der mit einem Relativpronomen oder einer Präposition + Relativpronomen eingeleitet wird.

Die französischen Relativpronomen sind: **où, qui, que, dont, lequel, quoi, ce qui, ce que.** (Die Relativpronomen ► Nr. 47)

Hauptsatz	Nebensatz
On rencontre **des touristes** Man trifft Touristen,	**qui** viennent de tous les pays. die von überall herkommen.
Voilà **le chanteur** Hier ist der Sänger,	**dont** je t'ai parlé. von dem ich dir erzählt habe.
C'est **un collègue** Das ist ein Kollege,	**avec qui** je travaille très bien. mit dem ich sehr gut zusammen arbeite.

Im Relativsatz beschreiben Sie Personen oder Sachen näher, die im Hauptsatz erwähnt werden. Das Relativpronomen steht immer unmittelbar hinter der Wortgruppe, die näher beschrieben wird.

Hauptsatz	Nebensatz
Il y a **beaucoup de jeunes** Es gibt viele Jugendliche,	**qui** s'intéressent à la musique. die sich für Musik interessieren.
C'est **le magasin** Das ist das Geschäft,	**où** j'ai acheté mes chaussures. wo ich meine Schuhe gekauft habe.

Die Wortstellung im französischen Relativsatz ist die gleiche wie in einem normalen Aussagesatz: Subjekt – Verb – Ergänzung. Fängt der Relativsatz mit **qui** an, folgt gleich das Verb, denn **qui** ist ja bereits Subjekt des Relativsatzes.

	Relativ-pronomen	Subjekt	Verb	Ergänzung
C'est le chanteur	**qui**		chante	ma chanson préférée.
	avec qui	on	a enregistré	la chanson.
	que	j'	aime	bien.
	dont	elle	parle	tout le temps.
Das ist der Sänger,	der mein Lieblingslied singt.			
	mit dem wir das Lied aufgenommen haben.			
	den ich gerne mag.			
	von dem sie immerzu spricht.			

2. In Relativsätzen mit **qui** und **que** müssen Sie an die Angleichung von Adjektiven und Partizipien denken:

C'est **une histoire** **qui** est très intéressant**e**.

Das ist eine Geschichte, die sehr interessant ist.

Il raconte **des histoires** **qui** ne sont pas toujours vrai**es**.

Er erzählt Geschichten, die nicht immer wahr sind.

qui vertritt hier im Relativsatz ein feminines Nomen (**histoire/s**) aus dem Hauptsatz. Die Adjektive (**intéressante/vraies**) im Relativsatz müssen den femininen Bezugsnomen angeglichen werden.

Où est **la cassette** **que** j'ai acheté**e** hier?

Wo ist die Kassette, die ich gestern gekauft habe?

Où sont **les cassettes** **que** j'ai acheté**es** hier?

Wo sind die Kassetten, die ich gestern gekauft habe?

Wenn Sie in einem Relativsatz mit **que** eine zusammengesetzte Zeit *(passé composé,* Plusquamperfekt *…)* verwenden, müssen Sie daran denken, dass que im Relativsatz direktes Objekt ist und somit eine Angleichung des Partizips auslöst. (Das Partizip Perfekt ► NR. 73.4)

3. Der *subjonctif* im Relativsatz

In drei Fällen müssen Sie im Relativsatz den *subjonctif* verwenden:

nach Superlativen und superlativischen Ausdrücken;

C'est **le meilleur** livre qu'il **ait** écrit.
Das ist das beste Buch, das er geschrieben hat.

C'est **la plus drôle** histoire que j'**aie** jamais entendue.
Das ist die lustigste Geschichte, die ich jemals gehört habe.

Dazu zählen außerdem: c'est le seul / la seule + Nomen, c'est le premier / la première + Nomen, c'est un/e des rares + Nomen, c'est le/la plus + Adjektiv + Nomen.

nach verneinten Hauptsätzen;

Il **n'**y a **pas** une seule robe qui lui **plaise**.
Es gibt kein einziges Kleid, das ihm/ihr gefällt.

Je **ne** connais **personne** qui **puisse** l'aider.
Ich kenne niemanden, der ihm/ihr helfen könnte.

Nach folgenden Verneinungen steht der *subjonctif* im Relativsatz: ne ... personne, ne ... rien, ne ... que, ne ... aucun/e, ne ... pas un/e seul/e.

nach Ausdrücken des Wunsches.

Nous **cherchons** un hôtel qui ne **soit** pas trop cher.
Wir suchen ein Hotel, das nicht zu teuer ist.

Ils **ont besoin d'**un appartement qui ne **soit** pas trop petit.
Sie brauchen eine Wohnung, die nicht zu klein ist.

Zu diesen Ausdrücken zählen: chercher, il (me) faut, avoir besoin de, rêver de, imaginer, je voudrais, j'aimerais, penser à (faire).

3 Der Bedingungssatz

Sie können zwei Arten von Bedingungen unterscheiden:
Reale Bedingungen: Diese Bedingungen halten Sie für erfüllbar, d.h. Sie halten es≈für möglich, dass Sie am Sonntag ein Picknick machen werden.

> **S'il fait beau dimanche**, on fera un pique-nique.
> Wenn es am Sonntag schön ist, machen wir ein Picknick.

Irreale Bedingung: Diese Bedingungen ist unwahrscheinlich oder unrealistisch. Das Wetter ist nicht schön und Sie glauben auch nicht, dass das Wetter sich noch ändern wird.

> **S'il faisait beau**, on ferait un pique-nique.
> Wenn das Wetter schön wäre, würden wir ein Picknick machen.

Den Unterschied zwischen realer und irrealer Bedingung drücken Sie durch die Verbform aus:

S'il **fait** beau ...	Wenn das Wetter schön ist ...
S'il **faisait** beau ...	Wenn das Wetter schön wäre, ...

Reale und irreale Bedingungen können sowohl auf die Gegenwart als auch auf die Vergangenheit bezogen sein.

Den Bedingungssatz leiten Sie mit **si** ein. **Si** wird vor **il** und **ils** zu **s'** verkürzt. Vor **elle** und **elles** wird **si** jedoch nicht verkürzt.

1. Reale Bedingungen

Bedingungssatz	Hauptsatz	
Si tu **viens,** (Präsens) Wenn du kommst,	on **ira** au cinéma. werden wir ins Kino gehen.	*(futur simple)*
	on **va** aller au cinéma. gehen wir ins Kino.	*(futur composé)*
	je te **montre** les photos. zeige ich dir die Fotos.	(Präsens)
	apporte le programme des cinémas. bring das Kinoprogramm mit.	*(Imperativ)*

Diese Bedingungen sind auf die Gegenwart bezogen. Im Nebensatz (Bedingungssatz) verwenden Sie das Präsens (= tu viens), nie *futur* und nie *conditionnel*, im Hauptsatz *futur simple*, *futur composé*, Präsens oder den Imperativ. Die

Satzstellung im Bedingungssatz ist diesselbe wie im Hauptsatz: si + Subjekt + Verb + Ergänzungen.

Bedingungssatz	Hauptsatz	
Si vous **avez lu** le texte, *(passé composé)* Wenn Sie den Text gelesen haben,	vous **pourrez** m'informer. werden Sie mich informieren können.	*(futur simple)*
	vous **pouvez** m'informer. können Sie mich informieren.	(Präsens)
	informez-moi. informieren Sie mich.	(Imperativ)

Diese Bedingung ist auf die Vergangenheit bezogen. Im Nebensatz verwenden Sie das *passé composé* (= vous avez lu), im Hauptsatz *futur simple*, Präsens oder den Imperativ.

2. Irreale Bedingungen

Bedingungssatz	Hauptsatz
Si **j'étais** riche, Wenn ich reich wäre,	je **ferais** beaucoup de voyages. würde ich viele Reisen machen.
S'il **faisait** beau, Wenn das Wetter schön wäre,	on **sortirait**. würden wir raus gehen.
(imparfait)	*(conditionnel présent)*

Diese Bedingungen sind auf die Gegenwart bezogen (Wenn ich reich wäre … / Wenn das Wetter schön wäre …).
Im Bedingungssatz mit si steht das *imparfait*, aber nie das *conditionnel* oder *futur*.

Bedingungssatz	Hauptsatz
Si j'**avais eu** de l'argent, Wenn ich Geld gehabt hätte,	j'**aurais fait** un voyage. hätte ich eine Reise unternommen.
S'il **avait fait** beau, Wenn das Wetter schön gewesen wäre,	je **serais sorti**. wäre ich raus gegangen.
(Plusquamperfekt)	*(conditionnel passé)*

Diese Bedingungen sind auf die Vergangenheit bezogen (Wenn ich Geld gehabt hätte … / Wenn das Wetter schön gewesen wäre …). Im Bedingungssatz mit si verwenden Sie das Plusquamperfekt und im Hauptsatz *conditionnel passé*.

⚠ Verwechseln Sie nicht die unterschiedlichen Gebrauchsweisen von **si**:

• **Tu ne m'écoute pas? – Si.** Hörst du mir nicht zu? – Doch.	doch. (**Si** als Antwort auf eine verneinte Frage.)
Si tu as besoin d'aide, appelle-moi. Wenn du Hilfe benötigst, ruf mich (an).	wenn/falls (**si** leitet einen Bedingungssatz ein.)
Dites-moi si vous pourrez venir. Sagen Sie/Sagt mir, ob Sie/ihr kommen werden/werdet.	ob (**si** leitet eine indirekte Frage ein.)
S'il est là, nous nous amuserons bien. Wenn/Falls er da ist, werden wir uns gut amüsieren.	(Bedingung)
Quand il est là, il y a toujours une bonne ambiance. (Immer) Wenn er da ist, ist die Stimmung immer gut.	(Zeitliches Verhältnis)

Das deutsche „wenn“ kann eine Bedingung oder ein zeitliches Verhältnis ausdrücken. Im Französischen müssen Sie unterscheiden:
Bedingungssatz: **si** – wenn, zeitliches Verhältnis: **quand** – (immer) wenn

Indirekte Rede

97 Einleitung

Wenn Sie berichten wollen, was jemand gesagt hat, verwenden Sie nicht immer die wörtliche Rede: Er hat gesagt: „Ich komme morgen“, sondern eher die indirekte Rede: Er hat gesagt, dass er morgen kommt/komme.

98 Indirekte Aussagen

Direkte Rede		Indirekte Rede Hauptsatz	Nebensatz
Sophie raconte: Sophie erzählt:	**«Je joue dans un groupe de rock.»** „Ich spiele in einer Rockgruppe.“	**Sophie raconte** Sophie erzählt,	**qu'elle joue dans un groupe de rock.** dass sie in einer Rockgruppe spielt.

Direkte Rede		Indirekte Rede Hauptsatz	Nebensatz
Elle ajoute: Sie fügt hinzu:	«Mon instrument préféré, c'est la guitare.» „Mein bevorzugtes Instrument ist die Gitarre."	Elle ajoute Sie fügt hinzu,	**que** son instrument préféré, c'est la guitare. dass ihr bevorzugtes Instrument die Gitarre ist.

Die indirekte Rede besteht aus einem Hauptsatz und einem Nebensatz. Im Hauptsatz verwenden Sie ein Verb der Redewiedergabe, z. B. **dire**, **raconter**, **ajouter** (hinzufügen), **affirmer** (bejahen).

Im Nebensatz geben Sie den Inhalt der Rede wieder. Den Nebensatz leiten Sie mit einer Konjunktion (z. B. **que**) ein. Im Französischen steht im **que**-Satz der indirekten Rede der Indikativ.

Er sagt, ihr Fax funktioniere nicht.

Er sagt, dass er kommt. **Il dit qu'il vient.**
Er sagt, er kommt.

Im Gegensatz zum Deutschen können Sie im Französischen die Konjunktion **que** nicht weglassen.

99 Indirekte Fragen

1 Die indirekte Entscheidungsfrage

Direkte Entscheidungsfrage	Indirekte Entscheidungsfrage
Valérie demande à son mari: «Tu as fait les courses?» Valérie fragt ihren Mann: Hast du die Einkäufe gemacht?	Valérie demande à son mari **s'**il a fait les courses. Valérie fragt ihren Mann, ob er die Einkäufe gemacht hat.
«Est-ce que Florence a rangé sa chambre?» Hat Florence ihr Zimmer aufgeräumt?	Elle veut savoir **si** Florence a rangé sa chambre. Sie möchte wissen, ob Florence ihr Zimmer aufgeräumt hat.

«Est-ce qu'elle a fait ses devoirs?» Hat sie ihre Hausaufgaben gemacht?	Elle demande **si** elle a fait ses devoirs. Sie fragt, ob sie ihre Hausaufgaben gemacht hat.

Die indirekte Entscheidungsfrage leiten Sie mit **si** ein. Nur vor **il** und **ils** wird **si** zu **s'** apostrophiert.

⚠ In einer indirekten Frage steht nie **est-ce que** und nie die Inversion.

2 Die indirekte Teilfrage

Direkte Teilfrage	Indirekte Teilfrage
Comment êtes-vous venus? Wie sind Sie/seid ihr gekommen?	Il demande **comment** nous sommes venus. Er fragt, wie wir gekommen sind.
Quand êtes-vous arrivés? Wann sind Sie/seid ihr angekommen?	Il aimerait savoir **quand** nous sommes arrivés. Er möchte gern wissen, wann wir angekommen sind.
Où est-ce que vous habitez? Wo wohnen Sie/wohnt ihr?	Il veut savoir **où** nous habitons. Er will wissen, wo wir wohnen.
Par quoi voulez-vous commencer? Womit möchten Sie/möchtet ihr beginnen?	Elle veut savoir **par quoi** nous voulons commencer. Sie will wissen, womit wir beginnen wollen.
À qui avez-vous parlé? Mit wem haben Sie/habt ihr gesprochen?	Elle aimerait savoir **à qui** nous avons parlé. Sie möchte gern wissen, mit wem wir gesprochen haben.
De qui est-ce que vous avez cette information? Von wem haben Sie/habt ihr diese Information?	Elle demande **de qui** nous avons cette information. Sie fragt, von wem wir diese Information haben.
Qui est-ce qui vous a dit cela? Wer hat Ihnen/euch das gesagt?	Elle se demande **qui** nous a dit cela. Sie fragt sich, wer uns das gesagt hat.

Que voulez-vous visiter? / **Qu'est-ce que** vous voulez visiter? Was möchten Sie/möchtet ihr besichtigen?	Il nous demande **ce que** nous voulons visiter. Er fragt uns, was wir besichtigen wollen.
Qu'est-ce qui vous intéresse le plus? Was interessiert Sie/euch am meisten?	Il veut savoir **ce qui** nous intéresse le plus. Er will wissen, was uns am meisten interessiert.

Indirekte Teilfragen leiten Sie mit demselben Fragewort ein wie die entsprechende direkte Frage.

Ausnahmen: Fragen mit **qu'est-ce que** und **que** leiten Sie mit **ce que** ein, Fragen mit **qu'est-ce qui** leiten Sie mit **ce qui** ein.

100 Die Zeitenfolge in der indirekten Rede

Im Französischen gibt es feste Regeln für den Gebrauch der Zeiten in der indirekten Rede. Das Tempus des Verbs im Nebensatz hängt vom Tempus des Verbs im Hauptsatz ab.

Direkte Rede	
Elle dit: Sie sagt:	
«Je n'**aime** pas cette banlieue triste. „Ich mag diesen tristen Vorort nicht.	Präsens
Je **partirai** d'ici. Ich gehe fort von hier.	*futur simple*
Avant, j'**ai habité** dans une petite ville. Vorher habe ich in einer kleinen Stadt gewohnt.	*passé composé*
C'**était** bien là-bas. Es war gut dort.	*imparfait*
Je n'**avais** pas **connu** l'indifférence des grandes villes. Ich habe die Anonymität der Großstädte nicht kennengelernt.	*Plusquamperfekt*
Je **voudrais** y retourner.» Ich möchte gerne wieder dorthin fahren."	*conditionnel*

Wenn der Hauptsatz (**elle dit**) im Präsens steht, verwenden Sie im Nebensatz das Tempus, das Sie auch in der direkten Rede verwenden.

Indirekte Rede	
	qu'elle n'**aime** pas cette banlieue triste. sie mag diesen tristen Vorort nicht.
	qu'elle **partira** d'ici. sie gehe von hier weg.
Elle dit Sie sagt,	qu'elle **a habité** dans une petite ville. sie habe in einer kleinen Stadt gewohnt.
	que c'**était** bien là-bas. es war gut dort.
	qu'elle n'**avait** pas **connu** l'indifférence des grandes villes. sie habe die Anonymität der Großstädte nicht kennengelernt.
	qu'elle **voudrait** y retourner sie möchte gerne wieder dorthin fahren.

Wenn der Hauptsatz (**elle a dit**) in einem Tempus der Vergangenheit steht, ändern sich einige Tempora im Nebensatz.

Indirekte Rede	
	qu'elle n'**aimait** pas cette banlieue triste. sie möge diesen tristen Vorort nicht.
	qu'elle **partirait** d'ici. sie ginge weg von hier.
Elle a dit Sie sagte,	qu'elle **avait habité** dans une petite ville. sie hätte in einer kleinen Stadt gewohnt.
	que c'**était** bien là-bas. es wäew gut dort gewesen.
	qu'elle n'**avait** pas **connu** l'indifférence des grandes villes. sie hätte die Anonymität der Großstädte nicht kennengelernt.
	qu'elle **voudrait** y retourner. sie würde gerne wieder dorthin fahren.

Aus:		wird:	
Präsens	aime	*imparfait*	aimait
futur simple	partirai	*conditionnel*	partirait
passé composé	ai habité	Plusquamperfekt	avait habité

Aber:		bleibt:	
imparfait	était	*imparfait*	était
Plusquamperfekt	avais connu	Plusquamperfekt	avait connu
conditionnel	voudrais	*conditionnel*	voudrait

«Je vais venir.» — Elle **a dit** qu'elle **allait** venir.
„Ich werde kommen." — Sie hat gesagt, dass sie kommen wird.

Das *futur composé* wird aus dem Präsens des Verbs aller + Infinitiv gebildet. In der indirekten Rede der Vergangenheit müssen Sie nur aller in die entsprechende Zeitform setzen.

⚠ **Der Grund, warum** er nicht gekommen ist … — **La raison pour laquelle** il n'est pas venu ...

Die Frage, ob der Motor funktioniert … — **La question de savoir si** le moteur fonctionne ...

Ich bin neugierig, ob … — **Je suis curieux de savoir si** ...

An Nomen oder Adjektive können Sie im Französischen keine indirekten Fragesätze anschließen. Sie müssen sich mit anderen Formulierungen behelfen.

⚠ Pierre dit: «**Je** vais **te** donner **mon** livre et **mes** cassettes.»
Pierre sagt: „Ich werde dir mein Buch und meine Kassetten geben.

Pierre dit qu'**il** va **me** donner **son** livre et **ses** cassettes.
Pierre sagt, dass er mir sein Buch und seine Kassetten geben wird.

Denken Sie daran, in der indirekten Rede auch die Pronomen der veränderten Redesituation anzupassen.

Anhang

1 Übersicht über die Geschichte der französischen Sprache

Französisch ist wie Spanisch, Italienisch und Portugiesisch eine **romanische Sprache**, die sich aus der lateinischen Sprache entwickelt hat. Als Cäsar 50 v.Chr. das Gebiet des heutigen Frankreich eroberte, lebten dort die Gallier, die eine keltische Sprache sprachen, das Gallische. Die Gallier nahmen die gesprochene Sprache der römischen Beamten und Soldaten, das sogenannte **„Vulgärlatein"**, an.

Im 3. bis 4. Jh. n.Chr. begann das römische Reich zu zerfallen und germanische Völker drangen von Norden in das Gebiet des heutigen Frankreich ein; unter ihnen die Normannen (die der Normandie ihren Namen gaben) und die Franken, die im Verlauf des 5. Jahrhunderts den größten Teil Galliens besetzten. Die Franken tauschten ihre germanische Sprache (das Fränkische) bald gegen die Sprache der zahlenmäßig und kulturell überlegenen Untertanen ein und übernahmen von ihnen den christlichen Glauben. Der Einfluss des Fränkischen auf das gesprochene Latein war nachhaltig, so dass die französische Sprache ihm nicht nur den Namen, sondern auch viele Wörter verdankt, von denen sich einige hundert bis ins heutige Französisch gehalten haben, z. B.: **jardin** (Garten), **auberge** (Herberge), **riche** (reich).

In den folgenden Jahrhunderten entwickelte sich das gesprochene Latein langsam zu einer selbstständigen, vom klassischen Latein unterschiedenen Sprache. Aus dem 9. Jahrhundert ist uns der erste Text in dieser neuen Sprache, dem Altfranzösischen, erhalten.

Ab etwa dem 12. Jh. wird Französisch – in vielen dialektalen Varianten, da es noch keine einheitliche Literatursprache gab – anstelle von Latein Amts- und Rechtssprache, später auch die Sprache in den Schulen.

Die sprachliche Einigung Frankreichs vollzog sich im 14. und 15. Jahrhundert, als die vielen lokalen Dialekte dem Einfluss des Dialekts der Ile-de-France (Paris und Umgebung), der Sprache der Könige, unterlagen. Dieser Dialekt, das **francien**, wurde im 15. Jahrhundert zur Literatursprache, dem Vorläufer des heutigen Französisch. 1539 schreibt François I die Verwendung der französischen Sprache bei Gericht im ganzen Königreich vor.

Der Beginn der neufranzösischen Epoche fällt mit dem Beginn des 17. Jahrhunderts zusammen, als die Norm des „richtigen" Französisch festgelegt wurde. Seit dieser Zeit hat sich an der Schreibung französischer Wörter nichts Wesentliches verändert, wohl aber an ihrer Aussprache, womit die Unterschiede zwischen Schreibung und Aussprache zu erklären sind. Bestrebungen, die Schreibung der französischen Sprache ihrer Aussprache anzupassen, hat es in dieser Zeit keine gegeben.

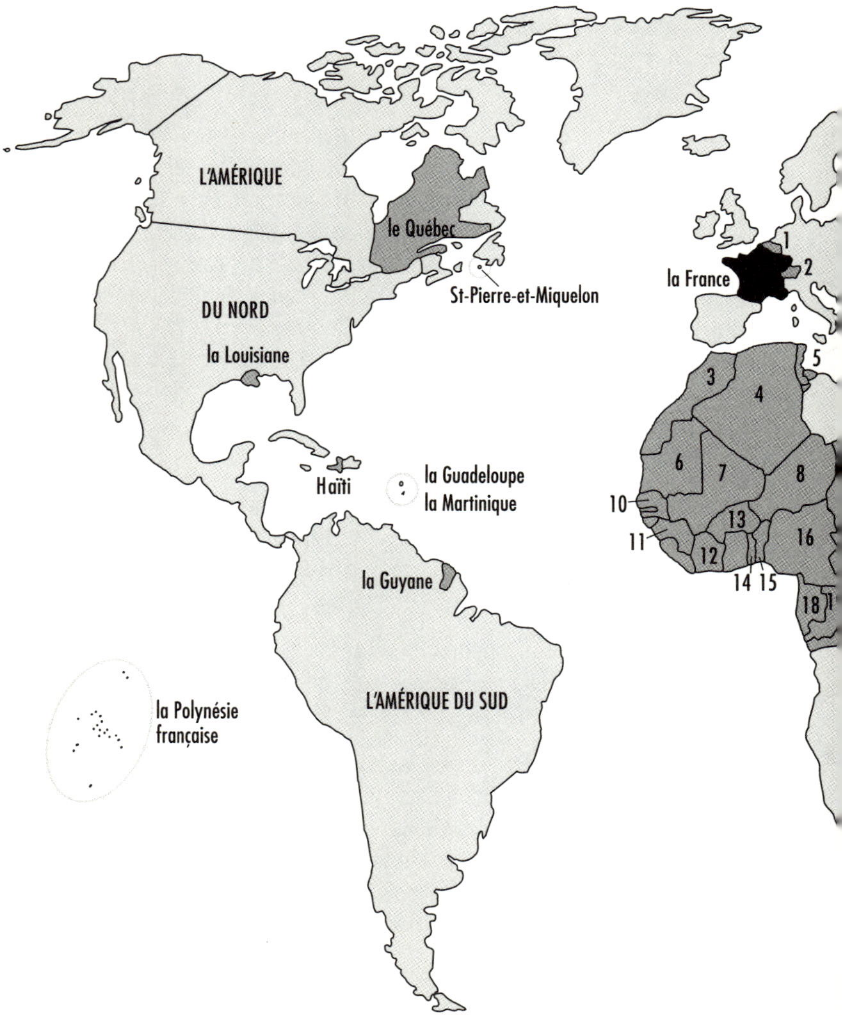

2 Französisch in der Welt

Französisch wird in 42 Staaten der Erde gesprochen. Um die Gesamtheit dieser mehr oder weniger französischsprachigen Länder bezeichnen zu können, wird das Wort **francophonie** verwendet. Eine detailliertere Karte finden Sie in **Eurolingua Français 2**.

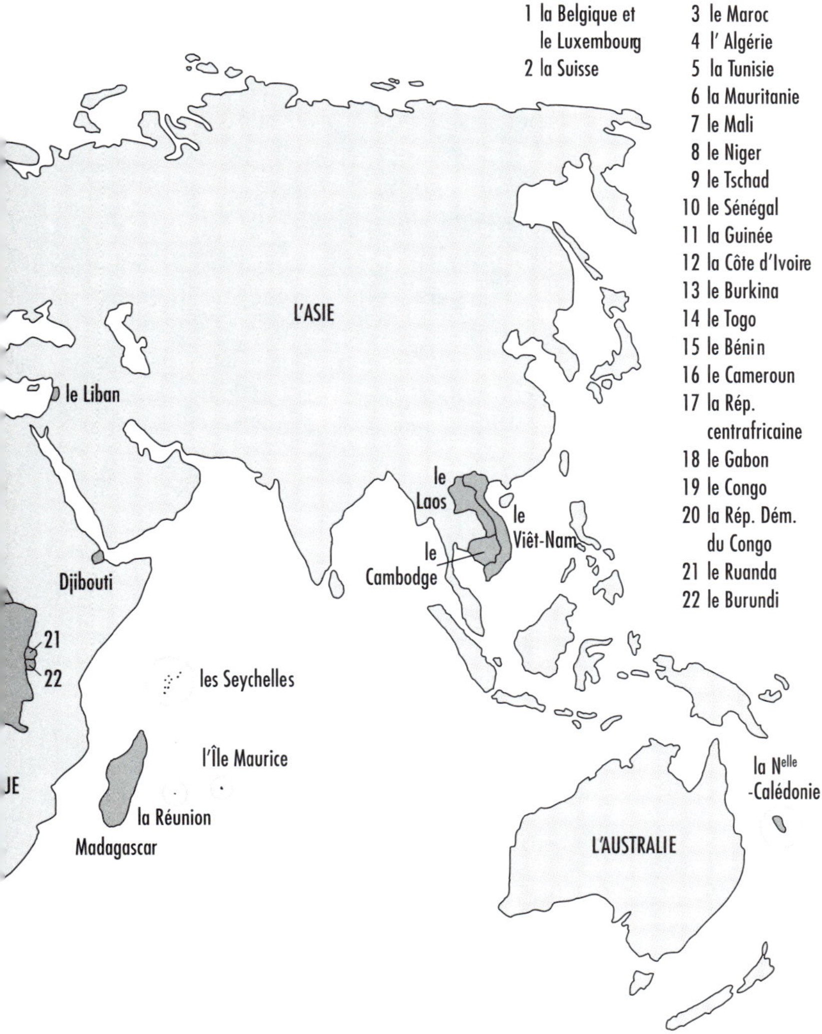

3 Konjugation der Hilfsverben *avoir* und *être*

1. avoir (haben)

Präsens		*imparfait*		*futur simple*	
j'	ai	j'	avais	j'	aurai
tu	as	tu	avais	tu	auras
il	a	il	avait	il	aura
nous	avons	nous	avions	nous	aurons
vous	avez	vous	aviez	vous	aurez
ils	ont	ils	avaient	ils	auront

passé simple		*conditionnel présent*		*subjonctif présent*	
j'	eus	j'	aurais	que j'	aie
tu	eus	tu	aurais	que tu	aies
il	eut	il	aurait	qu'il	ait
nous	eûmes	nous	aurions	que nous	ayons
vous	eûtes	vous	auriez	que vous	ayez
ils	eurent	ils	auraient	qu'ils	aient

Imperativ		Partizip Präsens		Partizip Perfekt	
	aie!		ayant		eu
	ayons!				
	ayez!				

2. être (sein)

Präsens		*imparfait*		*futur simple*	
je	suis	j'	étais	je	serai
tu	es	tu	étais	tu	seras
il	est	il	était	il	sera
nous	sommes	nous	étions	nous	serons
vous	êtes	vous	étiez	vous	serez
ils	sont	ils	étaient	ils	seront

passé simple		*conditionnel présent*		*subjonctif présent*	
je	fus	je	serais	que je	sois
tu	fus	tu	serais	que tu	sois
il	fut	il	serait	qu'il	soit
nous	fûmes	nous	serions	que nous	soyons
vous	fûtes	vous	seriez	que vous	soyez
ils	furent	ils	seraient	qu'ils	soient

Imperativ	Partizip Präsens	Partizip Perfekt
sois!	étant	été
soyons!		
soyez!		

4 Liste der wichtigsten unregelmäßigen Verben

1 Unregelmäßige Verben

* bedeutet, dass das Verb in zusammengesetzten Zeiten mit dem Hilfsverb **être** verbunden wird.

** bedeutet, dass das Verb je nach Bedeutung in den zusammengesetzten Zeiten mit den Hilfsverben **avoir** oder **être** verbunden wird.

Eine französisch-deutsche Liste mit diesen Verben finden Sie auf Seite 190–192.

Infinitiv Partizip Perf.	Indikativ Präsens	*futur simple* *passé simple*	*subjonctif présent*
accueillir ► cueillir			
acquérir acquis	j'acquiers tu acquiers il acquiert nous acquérons vous acquérez ils acquièrent	j'acquerrai j'acquis nous acquîmes	que j'acquière que nous acquérions
admettre ► mettre			
* aller allé	je vais tu vas il va nous allons vous allez ils vont	j'irai j'allai nous allâmes	que j'aille que nous allions
* s'apercevoir ► recevoir			
** apparaître ► connaître			
appartenir ► venir			
apprendre ► prendre			

Infinitiv Partizip Perf.	Indikativ Präsens	*futur simple* *passé simple*	*subjonctif présent*
* s'asseoir assis	je m'assieds tu t'assieds il s'assied nous nous asseyons vous vous asseyez ils s'asseyent im Präsens auch geläufig: je m'assois tu t'assois il s'assoit nous nous assoyons vous vous assoyez ils s'assoient	je m'assiérai je m'assis nous nous assîmes	que je m'asseye que nous nous asseyions
atteindre ► peindre			
battre battu	je bats tu bats il bat nous battons vous battez ils battent	je battrai je battis nous battîmes	que je batte que nous battions
boire bu	je bois tu bois il boit nous buvons vous buvez ils boivent	je boirai je bus nous bûmes	que je boive que nous buvions
bouillir bouilli	je bous tu bous il bout nous bouillons vous bouillez ils bouillent	je bouillirai je bouillis nous bouillîmes	que je bouille que nous bouillions

Infinitiv	Indikativ Präsens	*futur simple*	*subjonctif présent*
Partizip Perf.		*passé simple*	
combattre			
► **battre**			
comparaître			
► **connaître**			
comprendre			
► **prendre**			
conclure	je conclus	je conclurai	que je conclue
	tu conclus		que nous concluions
conclu	il conclut		
	nous concluons	je conclus	
	vous concluez	nous conclûmes	
	ils concluent		
conduire	je conduis	je conduirai	que je conduise
	tu conduis		que nous conduisions
conduit	il conduit		
	nous conduisons	je conduisis	
	vous conduisez	nous conduisîmes	
	ils conduisent		
connaître	je connais	je connaîtrai	que je connaisse
	tu connais		que nous connaissions
connu	il connaît		
	nous connaissons	je connus	
	vous connaissez	nous connûmes	
	ils connaissent		
conquérir			
► **acquérir**			
construire			
► **conduire**			
contenir			
► **venir**			
contredire	⚠ vous contre**disez**		
► **dire**			
convaincre			
► **vaincre**			

Infinitiv Partizip Perf.	Indikativ Präsens	*futur simple* *passé simple*	*subjonctif présent*
* convenir ► venir			
coudre cousu	je couds tu couds il coud nous cousons vous cousez ils cousent	je coudrai je cousis nous cousîmes	que je couse que nous cousions
courir couru	je cours tu cours il court nous courons vous courez ils courent	je courrai je courus nous courûmes	que je coure que nous courions
couvrir ► ouvrir			
craindre ► peindre			
croire cru	je crois tu crois il croit nous croyons vous croyez ils croient	je croirai je crus nous crûmes	que je croie que nous croyions
cueillir cueilli	je cueille tu cueilles il cueille nous cueillons vous cueillez ils cueillent	je cueillerai je cueillis nous cueillîmes	que je cueille que nous cueillions
cuire ► conduire			
décevoir ► recevoir			

Infinitiv	Indikativ Präsens	*futur simple*	*subjonctif présent*
Partizip Perf.		*passé simple*	
découvrir			
► **ouvrir**			
décrire			
► **écrire**			
détruire			
► **conduire**			
* **devenir**			
► **venir**			
devoir	je dois	je devrai	que je doive
	tu dois		que nous devions
dû	il doit		
	nous devons	je dus	
	vous devez	nous dûmes	
	ils doivent		
dire	je dis	je dirai	que je dise
	tu dis		que nous disions
dit	il dit		
	nous disons	je dis	
	vous dites	nous dîmes	
	ils disent		
** **disparaître**			
► **connaître**			
écrire	j'écris	j'écrirai	que j'écrive
	tu écris		que nous écrivions
écrit	il écrit		
	nous écrivons	j'écrivis	
	vous écrivez	nous écrivîmes	
	ils écrivent		
élire			
► **lire**			
entreprendre			
► **prendre**			
entretenir			
► **venir**			

Infinitiv Partizip Perf.	Indikativ Präsens	*futur simple* *passé simple*	*subjonctif présent*
envoyer envoyé	j'envoie tu envoies il envoie nous envoyons vous envoyez ils envoient	j'enverrai j'envoyai nous envoyâmes	que j'envoie que nous envoyions
éteindre ► **peindre**			
exclure ► **conclure**			
faire fait	je fais tu fais il fait nous faisons vous faites ils font	je ferai je fis nous fîmes	que je fasse que nous fassions
fuir fui	je fuis tu fuis il fuit nous fuyons vous fuyez ils fuient	je fuirai je fuis nous fuîmes	que je fuie que nous fuyions
hair haï	je hais tu hais il hait nous haïssons vous haïssez ils haïssent	je haïrai je haïs nous haïmes	que je haïsse que nous haïssions
inclure ► **conclure** ⚠ **inclus**			
inscrire ► **écrire**			
instruire ► **conduire**			

Infinitiv Partizip Perf.	Indikativ Präsens	*futur simple* *passé simple*	*subjonctif présent*
interdire ► dire	⚠ vous interdisez		
interrompre interrompu	j'interromps tu interromps il interrompt nous interrompons vous interrompez ils interrompent	j'interromprai j'interrompis nous interrompîmes	que j'interrompe que nous interrompions
* intervenir ► venir			
introduire ► conduire			
joindre ► peindre			
lire lu	je lis tu lis il lit nous lisons vous lisez ils lisent	je lirai je lus nous lûmes	que je lise que nous lisions
méconnaître ► connaître			
mettre mis	je mets tu mets il met nous mettons vous mettez ils mettent	je mettrai je mis nous mîmes	que je mette que nous mettions
* mourir mort	je meurs tu meurs il meurt nous mourons vous mourez ils meurent	je mourrai je mourus nous mourûmes	que je meure que nous mourions

Infinitiv Partizip Perf.	Indikativ Präsens	*futur simple* *passé simple*	*subjonctif présent*
* naître	je nais	je naîtrai	que je naisse
	tu nais		que nous naissions
né	il naît		
	nous naissons	je naquis	
	vous naissez	nous naquîmes	
	ils naissent		
obtenir ► venir			
offrir ► ouvrir			
ouvrir	j'ouvre	j'ouvrirai	que j'ouvre
	tu ouvres		que nous ouvrions
ouvert	il ouvre		
	nous ouvrons	j'ouvris	
	vous ouvrez	nous ouvrîmes	
	ils ouvrent		
** paraître ► connaître			
parcourir ► courir			
peindre	je peins	je peindrai	que je peigne
	tu peins		que nous peignions
peint	il peint		
	nous peignons	je peignis	
	vous peignez	nous peignîmes	
	ils peignent		
permettre ► mettre			
plaindre ► peindre			
plaire	je plais	je plairai	que je plaise
	tu plais		que nous plaisions
plu	il plaît		
	nous plaisons	je plus	
	vous plaisez	nous plûmes	
	ils plaisent		

Infinitiv Partizip Perf.	Indikativ Präsens	*futur simple* *passé simple*	*subjonctif présent*
poursuivre ► suivre			
pouvoir pu	je peux tu peux il peut nous pouvons vous pouvez ils peuvent	je pourrai je pus nous pûmes	que je puisse que nous puissions
prendre pris	je prends tu prends il prend nous prenons vous prenez ils prennent	je prendrai je pris nous prîmes	que je prenne que nous prenions
prévenir ► venir			
prévoir ► voir		⚠ je prévoirai	
promettre ► mettre			
recevoir reçu	je reçois tu reçois il reçoit nous recevons vous recevez ils reçoivent	je recevrai je reçus nous reçûmes	que je reçoive que nous recevions
reconnaître ► connaître			
recueillir ► cueillir			
réduire ► conduire			
rejoindre ► peindre			

Infinitiv Partizip Perf.	Indikativ Präsens	*futur simple* *passé simple*	*subjonctif présent*
renvoyer ► **envoyer**			
reprendre ► **prendre**			
résoudre résolu	je résous tu résous il résout nous résolvons vous résolvez ils résolvent	je résoudrai je résolus nous résolûmes	que je résolve que nous résolvions
revoir ► **voir**			
rire ri	je ris tu ris il rit nous rions vous riez ils rient	je rirai je ris nous rîmes	que je rie que nous riions
savoir su	je sais tu sais il sait nous savons vous savez ils savent ⚠ Partizip Präsens: sachant	je saurai je sus nous sûmes	que je sache que nous sachions
séduire ► **conduire**			
souffrir ► **ouvrir**			
sourire ► **rire**			
* **se souvenir** ► **venir**			

Infinitiv Partizip Perf.	Indikativ Präsens	*futur simple* *passé simple*	*subjonctif présent*
suivre	je suis	je suivrai	que je suive
	tu suis		que nous suivions
suivi	il suit		
	nous suivons	je suivis	
	vous suivez	nous suivîmes	
	ils suivent		
surprendre ► prendre			
survivre ► vivre			
* se taire	je me tais	je me tairai	que je me taise
	tu te tais		que nous nous taisions
tu	il se tait		
	nous nous taisons	je me tus	
	vous vous taisez	nous nous tûmes	
	ils se taisent		
tenir ► venir			
traduire ► conduire			
transmettre ► mettre			
vaincre	je vaincs	je vaincrai	que je vainque
	tu vaincs		que nous vainquions
vaincu	il vainc		
	nous vainquons	je vainquis	
	vous vainquez	nous vainquîmes	
	ils vainquent		
* venir	je viens	je viendrai	que je vienne
	tu viens		que nous venions
venu	il vient		
	nous venons	je vins	
	vous venez	nous vînmes	
	ils viennent		

Infinitiv Partizip Perf.	Indikativ Präsens	*futur simple* *passé simple*	*subjonctif présent*
vivre	je vis	je vivrai	que je vive
	tu vis		que nous vivions
vécu	il vit		
	nous vivons	je vécus	
	vous vivez	nous vécûmes	
	ils vivent		
voir	je vois	je verrai	que je voie
	tu vois		que nous voyions
vu	il voit		
	nous voyons	je vis	
	vous voyez	nous vîmes	
	ils voient		
vouloir	je veux	je voudrai	que je veuille
	tu veux		que nous voulions
voulu	il veut		
	nous voulons	je voulus	
	vous voulez	nous voulûmes	
	ils veulent		

2 Liste der unpersönlichen Verben

Infinitiv Partizip Perf.	Indikativ Präsens	*imparfait*	*futur simple* *passé simple*	*subjonctif présent*
falloir	il faut	il fallait	il faudra	qu'il faille
fallu			il fallut	
pleuvoir	il pleut	il pleuvait	il pleuvra	qu'il pleuve
plu			il plut	
valoir	il vaut	il valait	il vaudra	qu'il vaille
valu			il valut	

falloir – brauchen, müssen, sollen
pleuvoir – regnen
valoir – kosten, gelten

3 Französisch-deutsche Liste der wichtigsten unregelmäßigen Verben

Infinitiv	Übersetzung
accueillir	empfangen
acquérir	erwerben
admettre	aufnehmen
aller	gehen, fahren
s'apercevoir	feststellen
apparaître	erscheinen
appartenir	gehören
apprendre	erfahren, lernen
s'asseoir	sich setzen
atteindre	erreichen, treffen
battre	(ein)schlagen
boire	trinken
bouilir	kochen
combattre	kämpfen
comparaître	(vor Gericht) erscheinen
comprendre	verstehen
conclure	zu Ende bringen
conduire	führen, fahren
connaître	kennen, kennen lernen
conquérir	erobern
construire	konstruieren, bauen
contenir	enthalten
contredire	widersprechen
convaincre	überzeugen
convenir	passen
coudre	nähen
courir	laufen, rennen
couvrir	bedecken
craindre	(be)fürchten
croire	glauben
cueillir	pflücken
cuire	kochen
décevoir	enttäuschen
découvrir	entdecken
décrire	beschreiben

Infinitiv	Übersetzung
détruire	zerstören
devenir	werden
devoir	sollen, müssen
dire	sagen
disparaître	verschwinden, sterben
écrire	schreiben
élire	wählen
entreprendre	unternehmen
entretenir	instand halten
envoyer	schicken
éteindre	ausschalten, Feuer löschen
exclure	ausschließen
faire	machen, tun
fuir	fliehen, flüchten
haïr	hassen
inclure	einschließen, einbeziehen
inscrire	einschreiben, eintragen
instruire	unterrichten
interdire	verbieten, untersagen
interrompre	unterbrechen, einstellen
intervenir	intervenieren
introduire	einführen
joindre	verbinden, erreichen
lire	lesen, vorlesen
méconnaître	verkennen, falsch beurteilen
mettre	legen, stellen, setzen, anziehen
mourir	(ab)sterben
naître	geboren werden, entstehen
obtenir	erhalten, erzielen
offrir	anbieten, schenken
paraître	erscheinen, sichtbar werden
parcourir	durchlaufen, durchfahren
peindre	malen, (an)streichen
permettre	erlauben
plaindre	beklagen
plaire	gefallen

Infinitiv	Übersetzung
poursuivre	verfolgen, jagen
pouvoir	können, dürfen
prendre	nehmen
prévenir	benachrichtigen, warnen
prévoir	vorhersehen, planen
promettre	versprechen, zusagen
recevoir	erhalten, bekommen
reconnaître	(wieder) erkennen, zugeben
recueillir	sammeln, ernten
réduire	reduzieren, einschränken
rejoindre	zurück kehren
renvoyer	wegschicken, entlassen
reprendre	zurücknehmen, zurückholen
résoudre	lösen, meistern
revoir	wieder sehen, revidieren
rire	lachen, auslachen
savoir	wissen, können
séduire	verführen
souffrir	leiden
sourire	lächeln
se souvenir	sich erinnern
suivre	folgen, nachkommen
surprendre	überraschen, ertappen
survivre	überleben
se taire	schweigen
tenir	halten
traduire	übersetzen
transmettre	weitergeben, weiterleiten
vaincre	(be)siegen
venir	kommen
vivre	leben, wohnen
voir	sehen (können)
vouloir	wollen, beabsichtigen

5 Liste der wichtigsten Verben mit ihren Ergänzungen

accepter qn/qc	Elle accepte la proposition de Naomi.	jdn/etw. akzeptieren
accepter de faire qc	Elle accepte de venir.	zusagen etw. zu tun
accuser qn	Il accuse son frère.	jdn anklagen
accuser qn de faire qc	Il accuse son frère de tricher.	jdn für etw. anklagen
adorer qn/qc	Elle adore le cinéma.	jdn/etw. sehr gerne mögen
adorer faire qc	Elle adore aller au cinéma.	etw. sehr gerne tun
aider qn	Elle aide son petit frère.	jdm helfen
aider qn à faire qc	Elle aide son petit frère à faire ses devoirs.	jdm helfen etw. zu tun
aimer qn/qc	Yves aime les fraises.	jdn/etw. mögen
aimer faire qc	Pascal aime jouer à l'ordinateur.	etw. gerne tun
s' amuser à faire qc	Elle s'amuse à inventer des histoires.	sich damit vergnügen etw. zu tun
apercevoir qn/qc	J'aperçois une ombre là-bas.	jdn/etw. erblicken
s'apercevoir de qc	Je me suis aperçu de mon erreur.	etw. bemerken
approcher	Noël approche.	näher rücken
s'approcher de qn/qc	Je me suis approché de lui.	sich jdm/etw. nähern
apprendre qc	J'apprends l'anglais.	etw. lernen
apprendre qc à qn	J'apprends l'anglais à ma sœur.	jdm etw. beibringen
apprendre à faire qc	J'apprends à dessiner.	lernen etw. zu tun
apprendre à qn à faire qc	J'apprends à ma sœur à dessiner.	jdm beibringen etw. zu tun
arrêter qn/qc	Il a arrêté une voiture.	jdn/etw. anhalten
arrêter de faire qc	Il a arrêté de travailler.	aufhören etw. zu tun
arriver à faire qc	Je n'arrive pas à finir ce travail.	es gelingt jdm etw. zu tun
avoir qn/qc	Sylvie a deux frères.	jdn/etw. haben
avoir à faire qc	J'ai deux articles à écrire.	etw. zu tun haben
avoir besoin de qn/qc	J'ai besoin d'un livre.	jdn/etw. brauchen
avoir confiance en qn	Je n'ai pas confiance en Fabien.	zu jdm Vertrauen haben
changer	Le temps va changer.	sich ändern / sich verändern

changer qn/qc	Il faut changer les draps.	jdn/etw. verändern / etw. wechseln
changer de qc	J'ai changé d'avis. Il faut changer de train à Paris.	etw. ändern umsteigen
chercher qn/qc	Valérie cherche son stylo.	jdn/etw. suchen
chercher à faire qc	Elle cherche à trouver une solution.	sich bemühen etw. zu tun
choisir qc	Il a choisi un métier intéressant.	etw. auswählen
choisir de faire qc	Elle n'a pas choisi de travailler là-bas.	wählen etw. zu tun
commencer qc	Je n'ai pas encore commencé le premier chapitre.	etw. beginnen
commencer par qc	Commençons par une chanson.	mit etw. beginnen
commencer à/de faire qc	J'ai commencé à ranger la cuisine.	beginnen etw. zu tun
compter qn/qc	Elle ne compte plus ses médailles.	jdn/etw. zählen
compter sur qn	Je compte sur toi.	auf jdn zählen (sich auf jdn verlassen)
compter faire qc	Je compte partir demain.	vorhaben etw. zu tun
conseiller à qn de faire qc	Je conseille à Louise de partir.	jdm raten etw. zu tun
continuer qc	Continue ton histoire.	etw. fortsetzen / mit etw. weitermachen
continuer à/de faire qc	Elle continue à travailler.	fortfahren etw. zu tun
contredire qn	Ils contredisent toujours leurs parents.	jdm widersprechen
convaincre qn	Il a convaincu ses parents.	jdn überzeugen
convaincre qn de qc	Elle a convaincu Jean de sa bonne volonté.	jdn von etw. überzeugen
convaincre qn de faire qc	Elle a convaincu Naomi de venir.	jdn überzeugen etw. zu tun
craindre qn/qc	Il craint une catastrophe.	jdn fürchten / etw. befürchten
craindre de faire qc	Il craint de le blesser.	befürchten etw. zu tun
croire qn/qc	Je ne te crois pas!	jdm/etw. glauben

croire à qc	Tu crois à une vie après la mort?	an etw. glauben
croire en qn	Je ne crois pas en lui.	jdm vertrauen / an jdn glauben
croire faire qc	J'ai cru entendre un bruit.	glauben etw. zu tun
décider de faire qc	Il a décidé de partir.	entscheiden etw. zu tun
se décider à faire qc	Il s'est décidé à partir.	sich entscheiden etw. zu tun
défendre qn/qc	Michèle a défendu son amie.	jdn/etw. verteidigen
défendre à qn de faire qc	Elle a défendu à sa sœur de la déranger.	jdm verbieten etw. zu tun
demander qn/qc	Richard a demandé un renseignement.	jdn/etw. verlangen / um etw. bitten
demander à qn	Demande à Richard.	jdn fragen
demander qc à qn	Elle demande son chemin à un passant.	jdn nach etw. fragen
	Elle demande de l'argent à son père.	jdn um etw. bitten
demander à qn de faire qc	Elle a demandé à son amie de l'aider.	jdn bitten etw. zu tun
descendre	Liliane est descendue.	hinuntergehen
descendre qc	Elle a descendu sa valise.	etw. hinunterbringen
détester qn/qc	Il déteste la chimie.	jdn/etw. nicht mögen/ hassen
détester faire qc	Il déteste sortir le soir.	es hassen etw. zu tun
devoir faire qc	Je dois encore terminer une lettre.	etw. tun müssen
dire qc à qn	Tu ne dis pas bonjour à tes voisins?	jdm etw. sagen
dire à qn de faire qc	J'ai dit à Fabien de fermer la porte.	jdm sagen, dass er etw. tun soll
discuter de qc	Ils ont discuté de leurs projets.	über etw. reden/ diskutieren
écouter qn/qc	Tu as déjà écouté cette chanson?	jdm zuhören / etw. anhören
empêcher qc	Ils ont empêché la construction du tunnel.	etw. verhindern

empêcher qn de faire qc	Ils ont empêché le maire de construire le tunnel.	jdn daran hindern etw. zu tun
emprunter qc	Je peux emprunter votre stylo?	etw. (aus)leihen
emprunter qc à qn	Naomi a emprunté un livre à son ami.	etw. bei jdm leihen
encourager qn	Valérie a encouragé Sophie.	jdn ermutigen
encourager qn à faire qc	Elle a encouragé Sophie à donner un concert.	jdn ermutigen etw. zu tun
enseigner qc	Elle enseigne les maths.	etw. unterrichten
enseigner qc à qn	Elle enseigne les maths à mon fils.	jdn in etw. unterrichten
espérer faire qc	Elle espère devenir journaliste.	hoffen etw. zu tun
essayer qc	J'essaie une robe.	etw. versuchen / etw. anprobieren
essayer de faire qc	J'ai essayé de faire cet exercice.	versuchen etw. zu tun
s'étonner de qc	Je me suis étonné de son article.	sich über etw. wundern
éviter qc	Elle n'a pas pu éviter cette rencontre.	etw. verhindern
éviter de faire qc	Elle n'a pas pu éviter de le rencontrer.	verhindern etw. zu tun
faire qc	Il a fait ses devoirs.	etw. tun
faire faire qc	J'ai fait réparer mon vélo.	etw. tun lassen
féliciter qn	J'ai félicité Sophie.	jdm gratulieren
féliciter qn de qc	J'ai félicité Sophie de son succès.	jdm zu etw. gratulieren
féliciter qn de faire qc	J'ai félicité Sophie d'avoir gagné le concours.	jdm zu etw. gratulieren
finir qc	Tu as fini tes devoirs?	etw. beenden
finir de faire qc	Je n'ai pas encore fini d'écrire cette lettre.	etw. zu Ende machen
finir par faire qc	Ses parents ont fini par dire oui.	schließlich etw. tun
forcer qn à faire qc	Ils ont forcé Jérôme à venir.	jdn zwingen etw. zu tun
hésiter à faire qc	J'hésite à lui demander un conseil.	zögern etw. zu tun
s'informer de/sur qn/qc	Je me suis informé de ses résultats.	sich über etw. informieren
informer qn de qc	J'ai informé mes collègues de mon départ.	jdn über etw. informieren

interdire à qn de faire qc	Elle a interdit à son fils de sortir.	jdm verbieten etw. zu tun
jouer qc	Il joue un rôle dans ce film.	etw. spielen
jouer à qc	Il joue au foot.	etw. spielen (Sportart oder Spiel)
jouer de qc	Elle joue du piano.	etw. spielen (Instrument)
laisser qn/qc	J'ai laissé mes affaires à la maison.	jdn/etw. lassen
laisser qn faire qc	Est-ce qu'ils te laissent sortir?	jdn etw. tun lassen
menacer qn	Les gangsters ont menacé Patricia.	jdn bedrohen
menacer de faire qc	Ils ont menacé de revenir le lendemain.	drohen etw. zu tun
mentir à qn	Ils mentent à leurs collègues.	jdn belügen
monter	Liliane est montée au premier étage.	hinaufsteigen
monter qc	Elle a monté la valise au premier étage.	etw. hinaufbringen
se moquer de qn/qc	Ne te moque pas de lui.	sich über jdn/etw. lustig machen
s'occuper de qn/qc	Elle s'occupe de son petit frère.	sich um jdn/etw. kümmern
offrir qc à qn	Elle a offert un livre à sa copine.	jdm etw. schenken
offrir à qn de faire qc	Elle a offert à son frère de l'aider.	jdn anbieten/vorschlagen etw. zu tun
ordonner à qn de faire qc	Ils ordonnent aux manifestants de quitter la place.	jdm befehlen etw. zu tun
oser faire qc	Il n'ose pas parler allemand.	sich trauen etw. zu tun
oublier qn/qc	J'ai oublié mes cahiers.	jdn/etw. vergessen
oublier de faire qc	J'ai oublié de copier les dossiers.	vergessen etw. zu tun
paraître	Il paraît malade.	scheinen
paraître faire qc	Il paraît être malade.	zu sein scheinen
parler	On a beaucoup parlé.	reden, sprechen
parler à qn (de qc)	Nous avons parlé au directeur de nos problèmes.	mit jdm (über etw.) reden
parler de qn/qc	Elle a parlé de ses projets.	über jdn/etw. reden

passer	Le temps passe.	vergehen
passer qc	Il passe ses vacances en Italie.	etw. verbringen
passer qc à qn	Passe-moi le sel, s'il te plaît.	jdm etw. reichen
passer par qc	La Seine passe par Paris.	etw. durchqueren
penser à qn/qc	Il pense à son travail.	an etw./jdn denken
penser faire qc	On pense partir demain.	etw. vorhaben
permettre à qn de faire qc	Les collègues nous permettent d'utiliser leur ordinateur.	jdm erlauben etw. zu tun
se plaindre de qn/qc (à qn)	Il se plaint de son travail (à son copain).	sich (bei jdm) über etw./jdn beklagen
pouvoir faire qc	On peut communiquer par e-mail.	etw. tun können
préférer qn/qc (à qn/qc)	Je préfère l'e-mail (au fax).	jdn/etw. (gegenüber jdn/etw.) bevorzugen
préférer faire qc	Il préfère marcher.	bevorzugen etw. zu tun / etw. lieber tun
préparer qn/qc	J'ai préparé le petit-déjeuner.	jdn/etw. vorbereiten
être prêt/e à faire qc	Il est prêt à partir.	bereit sein etw. zu tun
prétendre faire qc	Il prétend travailler.	vorgeben etw. zu tun
profiter de qn/qc	Elle a profité de cette situation.	von jdm/etw. profitieren
promettre qc (à qn)	Elle a promis un cadeau (à sa sœur).	(jdm) etw. versprechen
promettre (à qn) de faire qc	Elle (lui) a promis de venir.	(jdm) versprechen etw. zu tun
proposer qc (à qn)	Elle (leur) a proposé une balade.	(jdm) etw. vorschlagen
proposer (à qn) de faire qc	Il a proposé (à son ami) d'aller au cinéma.	(jdm) vorschlagen etw. zu tun
rappeler qc à qn	Il lui a rappelé sa promesse.	jdn an etw. erinnern
rappeler à qn de faire qc	Elle a rappelé à Jérôme de téléphoner.	jdn daran erinnern etw. zu tun
se rappeler qn/qc	Je me rappelle la première rencontre.	sich an etw. erinnern
recommander à qn de faire qc	Il a recommandé à Fabien d'acheter ce livre.	jdm empfehlen etw. zu tun
recommander qc (à qn)	Je (te) recommande ce film.	(jdm) etw. empfehlen

refuser qc	Il a refusé ma demande.	etw. ablehnen
refuser de faire qc	Je refuse d'attendre plus longtemps.	es ablehnen / sich weigern etw. zu tun
regretter qn/qc	Je regrette son départ.	jdn/etw. bedauern
regretter de faire qc	Je regrette d'être parti.	bedauern etw. zu tun
se réjouir de faire qc	Je me réjouis de te revoir.	sich freuen etw. zu tun
remercier qn (de qc)	Je vous remercie (de votre lettre).	jdm (für etw.) danken
rencontrer qn	J'ai rencontré Philippe.	jdm begegnen
rendre visite à qn	J'ai rendu visite à Philippe.	jdn besuchen
renoncer à qc	Je renonce à ce voyage.	auf etw. verzichten
renoncer à faire qc	Je renonce à partir en vacances cette année.	darauf verzichten etw. zu tun
rentrer	Liliane est rentrée à 8 heures.	nach Hause kommen
rentrer qc	Elle a rentré les chaises du jardin.	etw. hineinbringen
répondre à qn/qc	J'ai répondu à cette question.	jdm antworten / etw. beantworten
reprocher qc à qn	Ses parents lui reprochent sa paresse.	jdm etw. vorwerfen
reprocher à qn de faire qc	Ses parents lui reprochent de ne pas travailler.	jdm vorwerfen etw. zu tun
se reprocher de faire qc	Elle se reproche de ne pas être venue.	sich etw. vorwerfen
réussir qc	Elle a réussi son plat.	jdm gelingt etw.
réussir à qc	Elle a réussi à son examen.	etw. bestehen
réussir à faire qc	Elle a réussi à le convaincre.	es gelingt jdm etw. zu tun
rêver de qn/qc	J'ai rêvé de toi cette nuit.	von etw./jdm träumen
rêver de faire qc	Elle a toujours rêvé d'aller aux États-Unis.	davon träumen etw. zu tun
rire de qc	On a beaucoup ri de cette histoire.	über etw. lachen
savoir faire qc	Elle sait parler italien.	etw. tun können
sembler	Elle semble malade.	scheinen

sembler faire qc	Elle semble avoir trop travaillé.	zu tun scheinen
servir à (faire) qc	Cela ne sert à rien. / Cette machine sert à faire du café.	zu etw. dienen
sortir	Elle n'est pas encore sortie.	hinausgehen
sortir qc	Elle a sorti les chaises.	etw. hinausbringen
souhaiter faire qc	Je souhaite partir.	wünschen etw. zu tun
souhaiter qc (à qn)	Je (te) souhaite un bon anniversaire.	(jdm) etw. wünschen
soupçonner qn de faire qc	On soupçonne Luc d'avoir écrit cette lettre.	jdn verdächtigen etw. zu tun
se souvenir de qn/qc	Tu te souviens encore de Béatrice?	sich an jdn/etw. erinnern
suivre qn/qc	Suivez mon conseil. / Suivez le guide.	etw. befolgen / jdm folgen
téléphoner à qn	J'ai téléphoné à Brigitte.	jdn anrufen
venir faire qc	Il est venu m'aider.	kommen, um etw. zu tun
venir de faire qc	Il vient de partir.	gerade etw. getan haben
vouloir qc	Tu veux un café?	etw. wollen
vouloir faire qc	Tu veux partir?	etw. tun wollen

6 Das französische Alphabet

a	[ɑ]	h	[aʃ]	o	[o]	v	[ve]
b	[be]	i	[i]	p	[pe]	w	[dubləve]
c	[se]	j	[ʒi]	q	[ky]	x	[iks]
d	[de]	k	[kɑ]	r	[ɛr]	y	[igrɛk]
e	[ø]	l	[ɛl]	s	[ɛs]	z	[zɛd]
f	[ɛf]	m	[ɛm]	t	[te]		
g	[ʒe]	n	[ɛn]	u	[y]		

7 Besondere orthografische Zeichen

´	l'accent aigu	ç	le «c» cédille
`	l'accent grave	'	l'apostrophe
^	l'accent circonflexe	-	le trait d'union
¨	le tréma		

8 Die Satzzeichen

.	le point	:	deux points	!	le point d'exclamation
,	la virgule	()	les paranthèses	?	le point d'interrogation
;	le point virgule	« »	les guillemets	...	les points de suspension

9 Die französische Lautschrift

Vokale

[a] glace, voilà
[ɑ] pas
[ɛ] merci, c'est, problème, être, faire (sehr offenes «e»)
[e] chez, école, travailler (geschlossenes «e»)
[ə] je, le, ne, qu'est-ce que (stummes «e»)
[i] vie, pyjama
[o] vélo, eau, côté (geschlossenes «o»)
[ɔ] alors, comment (offenes «o»)
[ø] deux, peu (geschlossenes «ö»)
[œ] sœur, vendeur (offenes «ö»)
[u] vous, où
[y] une, sur

Halbvokale

[ɥ] je suis, huit, cuisine
[j] bien, étudiant, travailler, fille
[w] moi, oui

Nasallaute

[ɑ̃] enfant, chambre, exemple
[ɔ̃] bonjour, nom
[ɛ̃] un, bien, lundi, fin, hein, terrain, sympa

Konsonanten

[b] habiter
[d] dur
[f] français, photo
[g] cigarette, collègue
[k] cours, avec, qui, kir

[l] il
[m] mal
[n] non
[ŋ] camping
[ɲ] cognac, champagne
[p] pardon, je m'appelle
[r] bonjour, rencontre
[s] salut, ça, bonsoir (stimmloses «s»)
[z] Mademoiselle, les‿enfants, six‿heures, zéro (stimmhaftes «s»)
[ʃ] chez, chocolat (stimmloses «sch»)
[ʒ] bonjour, âge, jus (stimmhaftes «sch»)
[t] très
[v] vous, arriver

10 Intonation

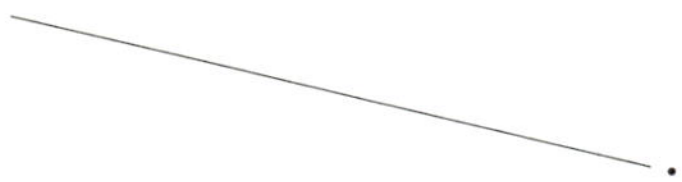

Die fallende Betonung

Die Stimme senkt sich am Ende eines Aussagesatzes (vor dem Punkt).
Elle part demain.

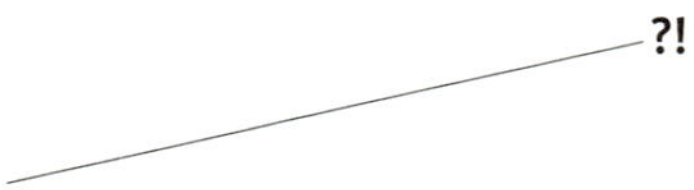

Die steigende Betonung
Die Stimme hebt sich:
- am Ende eines Fragesatzes,
- am Ende eines Ausrufesatzes.

Elle part demain?
Elle part demain!

Stichwortregister

Die Zahlen bezeichnen die Seitenzahlen.

A

B

C

D

E

F

G

H

I

K

L

M

N

O

P

Q

R

S